Amarse para amar

El diario de Rayén

SOLEDAD LOBOS JORQUERA

HOJAS DEL SUR

Buenos Aires

www.hojasdelsur.com

Amarse para amar: El diario de Rayén
Soledad Lobos Jorquera

1a edición

Editorial Hojas del Sur S.A.
Albarellos 3016
Buenos Aires, C1419FSU, Argentina
e-mail: info@hojasdelsur.com
www.hojasdelsur.com

ISBN 978-987-8310-76-3

Dirección editorial: Andrés Mego
Edición: Silvana Freddi
Diseño de colección: AADG Studio

Lobos Jorquera, Soledad
   Amarse para amar : el diario de Rayén / Soledad Lobos Jorquera. - 1a ed. - Ciudad
Autónoma de Buenos Aires : Hojas del Sur, 2021.
     192 p. ; 23 x 15 cm.

   ISBN 978-987-8310-76-3

   1. Autoayuda. 2. Autoestima. 3. Desarrollo Personal. I. Título.
   CDD 158.1

ÍNDICE

DEDICATORIA

Dedico mi libro a todas aquellas personas que han sentido, en su corazón, un dolor de amor. Que han arrastrado heridas emocionales desde pequeños. Que les ha tocado vivir experiencias duras. Que han hecho de la necesidad un recurso para poder resistir realidades no siempre favorables.

También está dirigido a quienes han sido resilientes. Aun habiendo conocido el mismo infierno, hoy ya están de vuelta porque aprendieron, en las adversidades, a descubrir su grandeza, contribuyendo, en el presente, incluso a mejorar la calidad de vida de otros.

En resumen, esta obra está destinada a toda alma que algún día se perdió buscando el amor, cuidado, atención y contención de su niño interior, hoy un adulto que persigue todavía aquello que le fue restado por distintas circunstancias. Pero, a pesar de todo ese sufrimiento, ha iniciado el camino del encuentro consigo mismo y con su amor propio, con el fin de poder aceptar de una vez por todas que, para caminar, solo necesita sus propias piernas.

AGRADECIMIENTOS

A mi padre, por haber creído a fe ciega en mí, por haberme levantado toda vez que me caí y por enseñarme, con su ejemplo, que mirar la vida con optimismo y confianza es la llave secreta para abrir cualquier puerta.

A mi hijo que, con su fortaleza, resiliencia, voluntad, empuje y actitud frente a las adversidades, siempre encontró la forma de darlas vuelta y convertirlas en verdaderas oportunidades. Me inspiró, así, con su ejemplo de lucha y constancia.

A mis viejos amores, mis amigos, compañeros de trabajo, desconocidos, y todos aquellos que me dieron un poquito de sí y que hoy viven aquí, en *Amarse para amar*.

MI NOMBRE ES RAYÉN

En el idioma mapudungun, Rayén significa «flor silvestre», y lo cierto es que siempre me he sentido un poco como una. Natural, salvaje y sin necesidad de ninguna intervención humana para florecer, ni mucho menos para existir.

Vengo de una familia que antes era, para mí, como cualquier otra, con aciertos y tropiezos, donde cada uno de sus integrantes hizo lo que pudo con las herramientas que tenía, con la información obtenida y con el nivel de consciencia adquirido por sus propias experiencias. Cierto es eso de que no hay manual para ser padre, hijo o hermano. Eres, y punto.

Caes en un núcleo familiar sin haber tenido la opción de decidir si esas personas te serían afines. Es como si fuera la primera prueba que te pone la vida para no resistirte, aceptar y rescatar, de la historia, lo mejor de cada etapa. Sin embargo, nunca imaginé que gran parte de mi presente sería el resultado de estos enlaces.

Tenía claro que mi forma de ser y de hacer las cosas, más todas las experiencias vividas, iban a ser determinantes en la persona que soy hoy. Pero desconocía que una parte importante de mí también tenía como origen la familia con la que crecí y todo lo que recibí (y también lo que no recibí) de mis padres en la primera infancia, en la adolescencia y, en general, en ese camino que a veces te cimientan con rocas o arena movediza, con una forma particular de hacer las cosas.

Y así fui caminando, algunas veces erguida, otras con la cabeza gacha. Con las piernas tiritonas y a paso lento. Otras, casi corriendo o incluso taconeando, tropezando con cuanta piedra había en el camino y muchas veces con la misma y a consciencia. Entre tanta historia acontecida, fui tomando, de a poco, un ritmo propio, un paso certero pero cuidadoso, con un claro norte hacia un punto definido (alguna vez, para mí, desconocido).

Debo admitir que crecí siendo una mujer resiliente, fuerte, corajuda, determinante y muy entregada en cada cosa que hacía. El problema de la entrega es que no logras darte cuenta de que, por hacerlo, te descuidas y, finalmente, te decepciona no recibir lo mismo, porque siempre lo haces esperando que el otro te valore la entrega. Pero eso nunca pasa y, cuando te das cuenta, ya es un poco tarde. Te has quedado cansada de tanto servir, con la permanente inquietud de no haber sido esto suficiente.

Tenemos muchos tanques que requerimos haber llenado en tiempo y forma, pero hay veces en que las cosas no son como debieron haber sido, y así crecí con mis heridas, con mis carencias y también con mis abundancias, caminando de la mano con la niña que nunca se ha ido y que va conmigo donde quiera que ponga el paso. Algunas veces, silenciosa; otras, contenta. Si la ignoro, se pone berrinchuda; si no le cumplen, se pone algo endemoniada. Es parecido a vivir con un amigo imaginario, que tiene vida propia, tanta que incluso me habla. Tanto que les dice, a los demás, cosas que jamás hubieras querido decir en un estado de consciencia plena.

Ya dije que me llamo Rayén, flor silvestre. Crecí en una familia normal, que mucho me dio, pero también me restó. Soy un poco de varias cosas; no desconozco mi genética ni todo lo que de ella arrastro quizás desde unas cuantas generaciones hacia atrás. Tampoco puedo ser indiferente a cómo me amaron de niña, a cómo conectaron conmigo para convertirme a un ser humano funcional. Esto parece un concepto frío pero, mientras más equilibrados seamos, más posibilidades tenemos de ser creativos y exitosos; de ser más conscientes de aprovechar las experiencias, explorando sus aprendizajes. Porque también soy un poco de cada persona y relación que se me cruzó por el camino, aun sin yo haber escogido dichos enlaces. Un pedacito de mis configuraciones corresponde a cada cosa que me ha venido sucediendo. Se preguntarán por qué les cuento esto. Porque, para entender la historia, se debe repasar el fondo.

Y, aunque creo que todos somos algo parecidos, no existe duda de que algunos son más evolucionados y otros, más ignorantes (e incluso indiferentes al propio nivel de consciencia).

Y esta es una historia que es un pedacito de varias otras. Grafica la evolución de una etapa de mi vida que, siendo marcada por un final, estuvo llena de nuevos comienzos. Sería injusto de mi parte no hacerles de espejo en cada una. Por el camino fui encontrando que, como yo, hay tantas otras que, aun siendo cómplices de las mismas vivencias, creemos estar siempre solas pero, una vez confrontadas, nos da cierto alivio no ser tan protagonistas de las tristezas que nos aquejan.

Mirarnos desnudas sin fijarnos en el cuerpo revela el parecido de cada experiencia, pero más aún de cada comportamiento tras estas. Así, vamos aprendiendo de las estrategias y desaciertos que otros comenten. Lo cierto es que cada ser humano tiene como aspiración dar un último suspiro, confesando que su vida ha estado más llena de buenos momentos. Si hubo malos, ojalá no queden erosionando tanto el alma.

Soy una mujer sensible. Parezco dura como una piedra, pero soy como una niña que vuela por las inconsciencias de aquello que vive y que también inventa. Tengo un mundo en la mente, con historias y personajes, tantos que me convertí en uno de ellos para irles contando, de a poco, un pedacito de mi historia. Llegué volando a estas hojas como una mariposa de alas rotas, erosionada por un amor que tuve que extirparme sin anestesia.

Quisiera compartirles una experiencia que no será el típico cuento que tal vez habrán leído, sino varios pedacitos cuyas piezas integradas forman mi vida y, tal vez, varias. Al ir leyendo, podrán sentir la calma que da el que otro también haya pasado por vivencias parecidas.

Hablando un poco de amor (porque de esto se trata este libro), te contaré que pasé mucho tiempo buscando un par de brazos quietos que me contuvieran, una espalda que me apoyara, un vigilante nocturno que velara mis sueños, una voz ronca que callara cualquier otra que quisiera hacerme daño. Creo que, desde muy niña, buscaba, entre mis compañeros de curso, ese ideal que arrastramos desde tiempos ancestrales. Porque yo crecí con la idea de que la mujer debía ser escogida para formar familia, quieta siempre en el rol de espera, sin preguntarme qué quería y solo soñando con que otro me quisiera.

La frase para siempre tenía para mí fundamento: amar a otro para toda la vida. Eso pasa cuando tienes el síndrome de princesa. Te montas un cuento tan tremendo que, cuando se te cae la venda, te vas al piso y más abajo que el mismo suelo, intentando reparar, en cada experiencia, esa tú que parece quedar medio muerta tras cada dolor de amor. Y, aunque era la primera vez que lo vivía, y al no haber experiencia previa, tuve que recorrer un camino que hoy voy a compartir contigo sin contarte los sucesos en orden cronológico. Voy a relatarte cada sentir de la experiencia acontecida para que te quedes con un pedacito de aquello que pueda darle un poco de alivio a tu alma.

Amarse para amar nació hace dos años tras una ruptura amorosa. Es una mezcla de amor romántico, relaciones tóxicas, heridas emocionales, traspiés tras una ruptura, aprendizajes sacados con fórceps y todo junto para llegar al camino de la luz, cuya dirección se refleja en una sola palabra: AUTOESTIMA.

Es un paisaje mágico con un montón de nuevos comienzos. Así fue cómo abrí un blog y me puse a escribir durante exactamente 730 días, desde el mismísimo día en que nos dijimos adiós.

Aquí encontrarás historias, reflexiones y cuentos (algunos experienciales, otros interpretados). La gran mayoría fue recogida de otra gente, que disfracé de almas afines y de historias comunes.

Escribirlo fue mi forma de sanar la herida y, aunque no te contaré exactamente cómo fue abierta ni sanada en su versión original, cada texto es el encuentro de piedrillas filosofales. Todas contribuyen a tener, cada vez más, mejores momentos. Y aquí lo tienes, en tus manos, identificándote quizás en muchas situaciones, o pensando: «Esto me pasó a mí». Hay momentos y situaciones que, alguna vez en la vida, la mayoría de las mujeres atravesamos en una relación. Y en esta no solo se pone en juego el amor de pareja, sino el amor a uno mismo. ¿Y eso dónde queda cuando hay una ruptura? ¿Dónde quedo yo parada? Estas reflexiones son una invitación a sentirte un poco más acompañada en este proceso del amor, de encuentros, de desencuentros, de rupturas. Así, deducirás que no se puede amar al otro si primero no nos amamos y nos respetamos a nosotras mismas.

Lo que me pasa a mí, lo que te pasa a ti, lo que le pasa a ella nos enseña que somos mujeres resilientes capaces de amar, equivocarnos, llorar, y luego, volver a empezar.

Puedes leer este libro como tú lo sientas o lo prefieras. Consta de tres tipos de reflexiones acerca de autoestima, rupturas emocionales y reflexiones. Espero que te sea de utilidad para que lo que hoy te pasa te duela un poco menos.

Con amor, Rayén.

AUTOESTIMA

I

UN TRATO CONMIGO

Prometo trabajar para sentir que voy a amarme tanto como pocos me han amado.

Caminaré como si no necesitara otras piernas para hacerlo, y reiré sola sin temor a lanzar carcajadas por donde camine. Voy a salir de mi cama, abriré las cortinas para que entren el sol, la humedad, o la misma lluvia si fuese necesario, y disfrutaré ese paisaje, y no el de mis sábanas tristes, añorando otro cuerpo que ya no toca el mío.

Voy a maquillarme y a vestirme con los colores del verano, aun cuando esté nevando, y prenderé la música tan fuerte como mis oídos lo resistan. Entonces, cantaré como si lo hiciera hermoso, tanto como si fuera mi alma la que cantara y, si se me da la gana, bailaré extendiendo mis brazos hacia ese cielo que desde hoy iré tocando cada día.

Llegaré tan alto que ni sabré cómo bajarme; no importa: ahí me quedaré, al lado de las estrellas. Nunca más seré suelo: seré parte del mismo cielo... Me abrazaré hasta hartarme de mí misma, hasta que ya me sofoque de tanto cariño, y será entonces y solo entonces cuando por fin entienda que el verdadero amor llega cuando haces de ti tu persona favorita.

Reflexión: Jamás podrás querer a la altura de lo perfecto, pero sí puedes hacerlo con el alma y sin pendientes. Si tú eres tu pendiente, no habrá cosa, experiencia o ser humano en el mundo que te pueda llenar los espacios vacíos de una historia que solo es tuya.

AGUANTAR O LARGARTE

—Abuelita, ¿cuánto tiempo duraste con el tata?

—Cincuenta y seis años, hijita.

—¿Y fuiste feliz, abu?

—No lo sé; después de tanto tiempo, yo creo que me acostumbré a sus mañas.

—¿Alguna vez quisiste tener una relación de pareja diferente, con alguien diferente?

—Muchas pero, de solo pensarlo, me daba cargo de conciencia; además, estaban tu papá, tus tíos… y yo soy una mujer de palabra, de esas que hacen familia para toda la vida.

—Yapo, abu, sé sincera, ¿fuiste feliz?

—Ni siquiera sé qué es eso; no podría comparar.

La cultura del *Aguante en nombre del amor* hace que nos quedemos en relaciones, aun cuando ni siquiera sabemos si queremos estar ahí.

Nos *sacrificamos* por los hijos, por la casa, o por el *qué dirán de mí si...* y, con toda esa carga a cuestas, somos tan valientes que podemos quedarnos en una relación, incluso si no nos quieren; nos maltratan; hay mal sexo, infidelidad, falta de comunicación; y todo aquello que hace que duela quedarse.

Igual le echamos pa' delante. Como en los trabajos. «Aguanta, mija —me decía mi mamá—, mira que las pegas están escasas. Ya quisieran otros tener tu suerte». Y por lo mismo me banqué tres años a un jefe narcisista al que había que adorar como tarea diaria si querías sobrevivir el día sin un golpe bajo.

Pero resistir era un asunto urgente; la vida era difícil, y parecía, entonces, que permanecer estoico en el dolor era motivo de medalla. Huir de aquello que incomodaba era considerado como cobardía, y por eso hoy entiendo tanta inercia de la gente en permanecer en un ambiente inhóspito, soportar a personas con las que no cuadran las escalas de valores e incluso *amar a muerte* a un pelotudo que ni siquiera te mira, solo porque decidimos que *aguantar* es un atributo positivo.

Afortunadamente para mí, abrí los ojos y hoy, aunque parezca drástica en mis comportamientos, aprendí a irme de todo lugar en donde no me siento bien. No importa el mes, la contingencia, la hora: armo mi plan (nada a lo loco) y me despido con cortesía.

Tampoco finjo delante de quien no me cae bien: solo no lo escucho y, de ser muy necesario, me preparo unos minutos para darle solo los treinta segundos que merece una persona que me quita energía.

Y en el amor... amo primero como me siento; si lo paso bien ahí, si estoy tranquila, si esa relación me da calma, compromiso, honestidad, amor y placer, en ese caso, dicha relación recibirá de mí una contribución de la más alta calidad. Pero ¡ay! si no me gusta lo que soy con otro; de no resolverlo, no hay diamantes en una medalla que me hagan resistir estoica el sufrimiento.

Yo no vine a esta vida para eso y, aunque respeto la opción de mi abuelita, sé que, si ella pudiera retroceder el tiempo, seguro que hoy haría uno que otro ajuste, aunque fuese solo para vivir unos diez años como se le hubiese dado la regalada gana.

Y tú, ¿de qué cultura eres?

MENTIRAS DE LA EDAD

Yo crecí escuchando que una mujer era joven hasta eso de los treinta. Que debía aprovechar la oportunidad de trabajar, ya que a los cuarenta sería considerada vieja para un proceso de selección. Que, si no encontraba marido a los treinta y cinco, ya me había quedado para *vestir santos*. Incluso oí por ahí que el cuerpo de una se hace infértil a los treinta y siete años o treinta y ocho, y ya, después de eso, solo queda el recuerdo de lo que fue un óvulo en una matriz roída por el paso del tiempo.

Con esa teoría encima, a eso de los cuarenta y cinco, ya estaban medio muertas, y las mujeres, haciendo caso, de apariencia, se veían parecidas a una abuela, pero de las reales. Triste período en que, con no más de cuarenta años, ya las habían sentenciado por un pensamiento retrógrado, cuyo objetivo era tenerlas en la casita procreando y lavando trastes.

Lo cierto es que en algo hemos avanzado y hoy, juntas, entendimos que la edad es un número que no define nuestras posibilidades. Podemos tener más de un marido si queremos, y vernos y sentirnos como de veinte. Podemos tener hijos después de los cuarenta y tres, ser empresarias o trabajadoras independientes. Existen muchas personas con una mentalidad diferente, que saben que tener más de cuarenta es la edad perfecta para ser altamente productivas, ya que enfocamos gran parte de nuestro tiempo en ello.

Salimos hace rato de la casa, y no tenemos miedo a vestirnos de amarillo. Las hay muchas aportando contenido, expuestas en un mundo crítico, pero no les importa que el otro crea que están pasadas de edad para hacer las cosas que disfrutan. Dejaron de preocuparse de la estrechez mental que un día las calificó como seres humanos de segunda categoría.

Lo cierto es que, para ser mujer en estos tiempos, vaya que hay que tener cojones, aunque decirlo suene contradictorio, se lea bonito y se sienta cierto.

SEGUNDAS PARTES NO SON BUENAS

No volveré a quererte. Ya lo hice, y no la pasé nada bien con eso. Por mucho que quiera verte y probarte, mi sensatez es más fuerte que mis ganas de tenerte. No es que te guarde rencor: solo aprendí que malas relaciones pasadas son precedentes de potenciales fracasos. ¿Para qué desafiar a la estadística? Segundas partes no deberían existir, a menos que las primeras hayan sido excelentes. Si una vez no resultó, ¿por qué tendría que ser distinto ahora?

Si antes me rechazaste, si te causaba impaciencia, si mi intensidad perturbó un día tu paz, si sentiste que nada tenías que hacer, ahí, conmigo, ¿por qué habría de pensar que me has mirado diferente? Yo sigo siendo la misma, y nada de mí ha cambiado; nada, excepto que ahora no me engatusan tu cuerpo, ni tus ganas, ni los recuerdos y tengo la mente clara para no inventar posibilidades. Hoy tengo abierto un abanico de estas; no eres color de mi arcoíris, y no voy a inventar uno nuevo para hacerte un lugar en donde con claridad un día dijiste que no querías estar.

No es orgullo, no es rencor, no es castigo. Se llama *razón* y hoy, a diferencia de antes, camina conmigo de la mano, como una mejor amiga. Llegó para quedarse y para repetirme que siempre puede haber alguien con quien escribir una nueva historia y, lo bueno de ello, una mucho mejor que la anterior.

5

EL REGALO DE QUERERTE Y NO NECESITARTE

Cuando entendí que hay personas que no son para uno, fui un poco más libre.

Todavía me pasa mucho que conozco a alguien y me digo: "Este sí, ahora sí" y, de pronto, algo ocurre que se cae la ilusión y debo hacerme la idea de que, otra vez como tantas, no fue nomás. Sin buscar culpables, debo seguir caminando para no perderme las posibilidades que seguro irán apareciendo, que voy a identificar solo si tengo los ojos bien abiertos.

Antes me resistía a dejar ir mis ganas para que el otro se quedara; de tanto buscarle lo malo o tanto echarle la culpa, distraída en aferrarme al aire como si fuera tabla, no entendía que retener a presión genera el efecto inverso. "Me rehúso a que no me quieras"… Me sorprendía recitando un poema de niña berrinchuda a la que le arrancaban su juguete como castigo a su porfía. Yo sufría por amores inconclusos que me arrebataban la alegría. Que no te quieran es una cosa, pero que trates de obligar a que te quieran es otra mucho peor para un orgullo herido.

Cada vez que conocía a alguien, me aferraba a la idea de que era el último, y tan convencida estaba que, si se iba, desesperada, me quedaba con el interrogante de un amor inconcluso.

Hoy entiendo que en mí no había nada malo, ni en el otro tampoco. Solo hubo coincidencias temporales que se quedaron un rato para enseñar algo, pero que siguieron su camino para tomar la forma de otros seres diferentes.

Sigo con la esperanza de querer y de que me quieran, solo que ya sin miedo y sin prisa. Hoy vivo disfrutando de las virtudes que da la calma y las circunstancias que te enseñan que solita también eres suficiente.

Y, aunque a veces extraño un abrazo, puedo decir que, si bien no me toco la espalda, los míos, hoy, para abrazarme, también alcanzan. Y cómo acunan ahora que los hice cálidos...

Jamás olvidaré que quererte es el milagro de hacerlo sin necesitarte y eso, en la libertad de no esperarte, sé qué hará que, por fin y en esta vida, puedas encontrarme.

6

MADRE, YO DE TI YA ME CURÉ

«En mi corazón, madre, yo te perdono y te digo adiós en el recuerdo y albergo desde hoy la imagen inexistente de ese abrazo que nunca pudiste darme». Yo no sé si sea posible amar con tanta generosidad abrazando sin rencor a esa madre que dañó con esas formas. Tampoco sé si todos tengan una evolución de consciencia tal como para abstraerse de sí mismos y entender que, detrás de esa madre, hay una historia que la llevó a comportamientos que son difíciles de digerir e imposibles de justificar. Pero, por lo general, las personas que no son víctimas no culpan, sino que aceptan que somos lo que somos un poco por lo que fuimos y, en vez de lamentar, se reinventan en formas diametralmente opuestas a la mala crianza de su figura materna.

No es fácil llenarse los *tanques* de esa falta de amor tan necesaria en la vida de las personas. Tan difícil es que quienes lo viven se la pasan pidiendo a gritos cariño o lo ahuyentan a patadas; por eso el punto medio entre buscar y recibir sin desbordes, con el fin de estabilizar la balanza, será el desafío de aquellos que crecieron con una madre disfuncional.

Echarle la culpa al empedrado responsabilizando siempre a los demás por nuestras malas decisiones, elecciones y conductas no mejora la calidad de vida, sino que nos hunde en el fango de aquellas cosas que quisimos que fueran diferentes, pero que jamás lo serán.

Retomar la vida, tomar consciencia y caminar sin esa madre si fuese necesario podría ser un camino, no de olvidar, sino de aprender a jugar con las cartas que tocan, sin júbilo ni lamento.

La vida tiene un poco de tanto, y cada cual verá la parte del vaso que quiera ver según los lentes que se ponga. Yo elijo ver a esa madre con la compasión de su sufrimiento y agradecerle que en el abandono pueda nacer una mujer que podría ser mil madres y de las buenas, ya que no tener aquello que deseamos también puede empujarnos a convertirnos en eso mismo. Lo llaman *abrazar la sombra*, y quien conoce su poder sabe que avanzar sin culpas es el camino correcto para prender la luz en estas.

7

ÉL NO ME QUERÍA

Rodrigo siempre me llamaba a última hora para hacer planes. Era uno de esos que, a las once de la noche de un día cualquiera y luego de no haber tenido contacto con él en los días previos al llamado, de la nada aparecía para preguntar con interés: «¿Hacemos algo hoy?». Yo podía estar acostada, pero ese llamado era importante y aun a veces, sin tantas ganas de verlo, me levantaba igual.

En otras ocasiones podía tener compromisos con personas a las que, por supuesto, dejaba tiradas para cruzar media comuna hasta llegar a verlo donde estuviese porque, si creen que me iba a buscar, están muy equivocados. Rodrigo solo movía el dedo anular sobre el wasap para escribir: «¡Ven!, ¿qué haces?». Y, cuando el amor ya era mucho, la frase «Quiero verte» aparecía de la mano de una carita feliz.

Lo curioso es que yo le daba crédito a ese interés considerándolo como la mayor muestra de amor recibida. ¡Qué ilusa! Así lo sentía. Varias veces me llamó borracho a eso de las tres o cuatro de la mañana, luego de que su carrete había terminado (hoy lo entiendo) con una cacería infructuosa a cuestas que requería un SOS para no dormirse solo, para no quedarse con las ganas. Esa presa era yo, la última de las últimas posibilidades de esas alocadas noches, ya que nunca fui convocada desde el inicio.

Rodrigo no me tomaba de la mano cuando andábamos por la calle. Si nos topábamos con gente, siempre quedaba como la amiga. No lo decía exactamente, pero sus gestos graficaban esa escena, a la que asentía silenciosa toda vez que compartí con los demás, haciendo como si de verdad no hubiera nada entre nosotros.

Muchas veces soporté sus miradas descaradas hacia otras mujeres mientras estaba conmigo. Era tan evidente que, sin verlo, yo sabía que buscaba, con los ojos, pechos y traseros repartidos en un antro de luces, música y alcohol. Y me dolía tanto que bebía más, como si fuera la forma de anestesiarme ante tanto descaro.

Largos ratos quedé sola con la copa en la mano, mientras él ponía a prueba su virilidad con otras, y yo, de lejos, observaba. Pero era hábil y siempre terminaba dando vuelta la tortilla, dejándome a mí como una loca e insegura, muchas veces ofendido con mi desconfianza. Luego de días de indiferencia recibida, terminaba buscándolo y pidiéndole disculpas por un error no cometido.

Dos años me robó Rodrigo o, para no ser injusta, dos años me robé yo misma. Al haber terminado con él en esa noche de mayo, albergué la esperanza de una posible reflexión de su parte y, en el fondo, hubiera querido que me retuviera, que me dijera que me amaba, que estaba dispuesto a hacer las cosas diferentes.

Un nuevo charco de agua congelada me lanzó a la cara su indiferencia; no le importaba que lo estuviese dejando. Ahora entiendo, incluso, que así lo quería, y quien se negaba a ver las señales era yo.

Un mes luego de eso, ya aparecía en sus redes sociales con otra, profesando momentos que conmigo jamás había ventilado. Me mantuvo oculta, como si fuera pecado y, de la nada, con una mujer nueva, se mostraba diferente.

Seis largos meses tras el evento, y mi autoestima seguía erosionada por no sentirme suficiente, hasta el día en que entendí que solo no somos para ciertas personas, y punto. Seguir insistiendo para serlo es construir la propia horca. Estar donde no te quieren y seguir peleando por que te quieran es como matarte de a poquito, tomando chupitos de veneno, esperando con paciencia que se conviertan en medicina.

Así me comporté con Rodrigo toda vez que me hice la ciega ante su indiferencia y, afortunadamente, me quedó un poquito de vida para darme cuenta y contar la historia. Espero que jamás sea la tuya.

ÉL ME QUIERE SOLO PARA TENER SEXO

Al principio creía que no, porque se comportaba de manera diferente. No es que no intentara nada, pero al menos tenía ciertas sutilezas rescatables. No iba directo al punto: disfrazaba la intención con un cálido «Quiero verte». Me tenía cosas ricas para comer, tomar y podía ser tierno dos horas continuas. Así que agradecía la atención, el cariño y la conversación, aun cuando su objetivo fuese comprar mi pasión desbordada. Por un momento, me engañaba. Como la escena siempre estaba preparada como si fuera algo más que ganas de carne, yo me entregaba completa, de cuerpo ser y mente, siempre creyendo que me quedaría en esos brazos un rato largo. Pero nunca resultaba cierto.

Ese momento de la mañana en que sale el sol era mi enemigo; sabía que, más luego que tarde, debía buscar mis ropajes regados por el piso de su pieza para luego salir casi corriendo de su casa ya sin ternura, sin afecto, con un frío *chau* casi inaudible, un beso indiferente en la comisura de los labios y un portazo que concluía una noche que partía con magia y acaba con indiferencia. Él me miraba con ojos de amor a las nueve de la noche y ya, al día siguiente, con suerte me preguntaba si había dormido. Una y otra vez se repetía la misma historia. Sin un después, sin llamadas, sin intentos.

Dieciocho meses transcurrieron esperando interesarle y, aun cuando jamás reclamé nada, siempre quise ser importante para él.

Con el tiempo y con la llegada de la crisis sanitaria, nuestros caminos se separaron sin pelear por que no fuera así.

Nunca más volví a saber de él, hasta hoy, cuando levantaron la cuarentena en su comuna y quiso tener un revolcón sin necesidad de entregar tanto de sí para eso; entonces, volvió a buscarme, tal vez acostumbrado a que yo siempre saliera corriendo toda vez que escribía: «Hola, bella». Te preguntarás si cedí, y te diré que casi lo hice. Pero todavía me quedaba un grano de dignidad y razón para tomar el teléfono, buscar su contacto y proceder luego a su bloqueo. Me dio un poquito de pena pero, luego de cuatro meses, algo había aprendido.

LA LLAMAN *LOCA*, PERO SOLO ES LIBRE

Son aquellas que se salen del marco convencional. Tienen claro lo que quieren y van a por ello sin tapujos; suelen ser desvergonzadas y siguen sus instintos sin que estos les causen pudor alguno. Por su naturaleza desbocada, son miradas como bichos raros; otras de su especie hablan de ellas a sus espaldas y las prejuician por vivir en consecuencia de lo que quieren para su vida.

Sin embargo, pueden ser consideradas mujeres descartables, promiscuas, sin norte, vacías, prejuzgadas sin razón, solo por hacer o decir lo que sienten en el minuto que les sale... sin freno de mano. Son así y ya, cada una con su propio proceso. ¿Quién tiene la verdad de la forma y fondo correctos?

Algunas esperan, otras cazan. Las hay poco ortodoxas escondidas en una sociedad conservadora buscando su propio destino. A veces se hacen las fuertes para no sucumbir a tanta crítica, pero son de azúcar, igualitas que aquellas que parecen más calmas. Son mujeres, con la misma naturaleza, con el mismo origen, con la única diferencia de que hablan fuerte, taconean pesado, no esperan la llamada, y no lloran si no las llaman.

Mandan a volar a otro a la primera de cambio y no tienen tapujos en organizar citas, pagar cuentas y disfrutar sin vergüenza de sus pasiones naturales. Pero a veces las llaman *locas*, aunque la locura es estar enajenado de sí mismo; sin embargo, ellas conectan con sus almas y con sus cuerpos, y solo por eso van por la vida sin miedo a nada.

35

MUJER IMPERFECTA

Soy una mujer tremendamente imperfecta. No estoy en este mundo para cumplir las expectativas de nadie... ni siquiera las de aquellos a los que más amo. Tampoco necesito que cumplan con las mías. Los prejuicios que otro tenga, incluida su ignorancia de aquellos valores que realmente me sustentan, alimentan aún más mis ganas locas de aprender y descubrir. Al final, la opinión que no pregunto se hace sorda en mis oídos ocupados de palabras con sentido.

No cambiaría jamás por alguien que me quiera ver diferente; si lo pide, es que no entiende que la verdadera transformación es un proceso interno y voluntario, lo que deja de ser mi problema: es el suyo no aceptarme. ¿Cómo fingir ser quien no soy? Si alguien no puede ver mi luz, puede seguir de largo buscando nuevos destellos.

Soy un alma libre, llena de defectos y de falta de consciencia, a veces ciega y sorda; otras veces grito y también guardo silencio. De vez en cuando despierto y me reconozco humana. Me acepto, me cuido y me amo así como soy, sin pedirme ni restarme, sin corregirme ni suturarme. Me abrazo sin buscar otro calor más que el mío propio, recordándome que, así y todo, estoy completa.

II

EL SECRETO DE LA VIDA

Autoestima es una palabra confusa, romantizada, e incluso mal utilizada. Entender su significado es clave para tener una buena calidad de vida. El concepto que tenemos respecto de nosotros no es solo aquello que vemos en el espejo, sino la manifestación de nuestra vida en todos sus planos: relaciones; finanzas; campo laboral; salud física, mental y emocional. Existe una correlación directa entre una baja autoestima y relaciones disfuncionales, así como también con el deterioro de la salud, problemas económicos, ansiedad, entre otros ámbitos afectados por un bajo concepto de uno mismo. Existen muchos recursos dentro de cada persona: los que se manifiestan y otros que se quedan ocultos tras la imposibilidad de hacerlos visibles. El pensamiento positivo, la resiliencia, la creatividad, el ser protagonista y no espectador son atributos propios de una mente fuerte, de un espíritu valiente, de un alma que, en amor, tiene la certeza de sentirse suficiente para tener una vida bonita. *Amor propio*: palabra que logra el milagro de la valentía, de la confianza, de la alegría a pesar de las circunstancias adversas; convierte el miedo en un aliado que protege, no en un agente paralizante, porque amarse da la certeza de que el poder está dentro de aquel que se sabe grande. Cuando vivimos en consecuencia de ello, esto se nota afuera. Amarse implica respetarse, poner límites, tratarse con cariño, cuidar el diálogo interno, que puede hacer incluso más daño que aquel que proviene del medio externo. Hay que tener consciencia de que no es posible dañarse sin que existan consecuencias; entender que la salud física es el cuidado del vehículo con el cual se corre la carrera; que hay que ponerle atención, no para conquistar a un hombre, retener al marido o reforzar el propio concepto, sino porque necesitamos estar sanos para emprender el vuelo hacia nuestros sueños.

Cuando se vive en consecuencia, se establecen mejores relaciones, más equilibradas, más colaborativas y menos demandantes. El buen trato no solo es con uno mismo, sino también con los demás. Por reciprocidad, los demás devuelven eso, porque así funciona la vida.

Amarse es una gran responsabilidad, que implica no solo conocerse, sino aceptarse y abrazarse con el cúmulo de errores y aciertos cometidos; de virtudes y defectos del cuerpo, de la mente y del espíritu. Hay que aceptarse sin culpa, sin resignación, con amor y siempre desde la acción de corregirse, repararse y crecer en aquello en lo que te sientes pequeñita. Autoestima no es verse en el espejo bonita (si fuera eso, ¡qué fácil objetivo tendríamos!). Autoestima es la capacidad de estar en medio del mundo, rodeada de animales feroces, desnuda en un día de invierno y, aun así, verte en escena con los mismos animales, pero con estos en jaulas, con un sol radiante que te ilumina la cara, y tú, no pequeña, sino grande, tan grande que puedes tocar incluso el mismísimo cielo.

¡EH!, AQUÍ ESTÁ TU LÍMITE

Llámame *loca*, *inestable*, *pesada*, o como quieras. Aprendí a darle un *delete* a tu presencia cada vez que escuchaba de ti tonteras o recibía ataques, por más pequeños que estos fueran. Para ti son inocentes e imperceptibles pero, para mí, son indiferencias que no te permito ni por un segundo siquiera.

Llámame *intolerante*, *cerrada* o *prejuiciosa*, pero es que yo ya no tengo edad ni paciencia para esperar a que se te resuelvan los temas. No me banco ni el recuerdo fantasmal de tu ex, ni los tiempos que requieres a solas contigo; no me pidas que te espere. Te regalo todo el día y sus veinticuatro horas. Los minutos y segundos que hay quédatelos y gástatelos completos mientras yo voy en busca de alguien que quiera disfrutar de los suyos conmigo.

Lo siento, soy una pesada y, cómo no reconocerlo, pero ni tu cuerpo ni tu vino son paga suficiente. Es bien poco el esfuerzo que haces para lo que pides y, de un tiempo a esta parte, me vale madre si te quedas o te vas.

Es más, ahora ya es tiempo de que te largues y de que me dejes volar. Sin preguntas, sin falsas promesas, sin favores obligados; ya he cambiado, y mi yo nuevo no te servirá más como sofá.

YO NO ERA UNA GORDITA FELIZ

Cuando fui mamá, me pasó lo mismo que a muchas de las mamás (son pocas las privilegiadas a las que no les cambia el cuerpo). Subí veinte kilos, y la guata *(panza)* me quedó como un acordeón lleno de recovecos y estrías de distintos tamaños y colores. También se me cayeron un poco las pechugas *(senos,* para mis amigos extranjeros) y, de mis rosados pezones, ya no quedaba ni la sombra. Parecían el cañón rojo con todos los socavones y erosiones que dejaba el paso de la leche hacia la boca del pequeño.

Las piernas también recibieron el impacto de mi exceso calórico (cuando una mujer se embaraza, se da muchos permisos para comer porquerías, ya que sabe que, igual, se pondrá gorda), y las que antes fueron mi orgullo, lucidas siempre con cortas minifaldas, fueron cubiertas incluso en verano, con el susto de que se les notara la celulitis.

El tiempo fue pasando, mis brazos se engrosaron, y mi cara se hizo redonda. De la que había sido antes, poco quedaba y, mientras más fea me ponía, más permiso me daba para descuidarme cada día. Es más fácil seguir en el deterioro que intentar un cambio; a veces queremos mucho algo, pero no estamos dispuestos al costo de obtenerlo. Quería ser flaca, bonita. Quería ponerme otra vez la ropa de antes, pero ningún pie yo movería por lograrlo y, como lo sabía, seguía comiendo y estando en un reposo casi total, sin tener causa alguna para no moverme.

Recuerdo que, si me animaba a estar con un chico o estaba ebria, lo limitaba solo a tocarme ciertas partes. Qué represión para mí y para el otro no dar rienda suelta a mis pasiones solo por el miedo a que viera las que, para mí, eran deformes formas.

Nunca pude tener una relación sana en ese tiempo; cuando uno no se acepta, se pone pesada, a la defensiva, y todo con el fin de que el otro no dañe. Es algo así como ponerse un letrero que dice: «Me importas un carajo» pero, al quitártelo, letras invisibles dibujan en tu frente la frase «Solo quiero que me quieras».

Pobrecita esa yo que estaba ciega y que, solo luego de un año de haber comido bien y de haber hecho ejercicio con regularidad, es quien le pide al otro dejar la luz prendida porque le gusta que la miren cuando ama.

Y TÚ TAN LINDA Y SIN NOVIO

Usted, tan bonita y agraciada, ¿solita? Le apuesto a que debe ser supercomplicada; de lo contrario, no me explico cómo una mujer así no tenga marido, ¿no será que es muy exigente?

Respuesta:

Sí. Si ser libre es considerado ser una persona difícil, lo eres.

Si amas lo que haces; si te apasionas hasta por el cambio de muebles de tu casa; si valoras el espacio de tu cama; si eres acreedora de la tenencia intransferible del control remoto; si cada clóset de tu habitación está destinado a tu ropa, carteras y zapatos; si gozas el comer sobre la cama sin miedo a las migajas o a un derrame del jugo en la bandeja o, simplemente, no temes que tus cortinas queden impregnadas con olor a papas fritas; si el silencio y la soledad no te molestan, son tus amigos e incluso te ponen más creativa; si la libertad de tus sentimientos coincide con levantarte de madrugada y salir por ahí a algún bar; si sabes que nadie te estará llamando para saber a qué hora vuelves y en conciencia puedes elegir terminar colgada al cuello de quien quieras; si necesitas calorcito o amor temporal o simplemente usar los disfraces sensuales de tu ropero (lo harás cuando quieras y con quien quiera que te plazca); si soltaste; si no necesitas; si con todo y contigo eres feliz, así y solo así, el amor de tu vida está en condiciones de que lo hagas pasar.

No eres una mujer complicada: solo conoces tu valor y no te conformas con que te hablen bonito. Sabes que mereces más y no te angustia esperar por ello, porque no esperas, ¡solo vives! Y no permitas que te hagan sentir lo contrario; eres tan valiosa que solo mereces a alguien con igual o más valor que tú caminando de tu mano.

CUANDO TE ILUMINAS

Cuando mejor lo pasas con todo lo que te pasa. Cuando tu vida en su imperfección, para ti, es perfecta. Cuando tus muchos demonios dejan de ser tantos. Cuando duermes menos porque haces más. Cuando las palabras *linda, bella, buena* son cada mañana de ti para ti.

Cuando te abrazas tan fuerte que hasta tú quieres desabrazarte. Cuando sueltas, dejas ir a la nostalgia, respetas tu pasado y a quienes de este fueron parte. Cuando agradeces el paso de cada persona en tu vida y eres consciente de los aprendizajes. Entonces, te has iluminado.

Mientras no seamos seres de luz, vamos a tener que darnos permiso de comportarnos como humanos sin ser víctimas de las circunstancias. Hay días en que estarás de mal humor; otros en los que te sentirás fea. De cuando en cuando, tu ex te va a secuestrar la memoria y te va a hackear para aparecerse de a ratos.

Hay sucesos de los que jamás entenderás por qué pasaron, y no te alcanzará el entendimiento para asimilar cómo hay quienes pueden causar tanto daño. Pero solo de algo sí te puedes hacer cargo: mantenerte de pie. Porque sí y absolutamente sí valen la pena la vida y sus colores porque, detrás de los grises, también hay amarillos y rosas, y los contrastes son lo que te permiten ver lo bueno cuando aparece.

Al final, la parte más oscura de la noche siempre es antes del amanecer y, con todo y lluvia incluida, siempre será un milagro el que sigas despertando.

ME QUIERE MUCHO, POQUITO O NADA

Sales con alguien, te trae loquita. Tiempo te costó atraparlo y estás contenta de la victoria que parece tenerlo contigo. De pronto, te encuentras inquieta. Tienes dudas de las reales intenciones del personaje y, aunque te fascina su presencia en tu vida, conductas observadas en él te hacen ruido.

Desaparece. Sin dar explicación, incluso después de buenos momentos entre ustedes, deja de llamarte, escribirte. No responde tus llamadas y, mientras tanto, tú, ansiosa y angustiada por su ausencia, no te explicas qué pueda estar pasando. Te culpas y, de pronto, te responsabilizas de algo que ni tú misma sabes qué es, y lo justificas.

Su silencio va acompañado de una vida fantasmal. No conoces a su familia, a sus amigos ni tampoco te integra en actividades con grupos diferentes a él y tú. Eres así como su juguete oculto y, aunque te vende el mundo con un beso, recibe llamadas sospechosas que no contesta enfrente de ti. Deja siempre boca abajo su celular y pareciera que, cuando le hablas, no te oye porque, además, solo habla de él.

Pero te fascina su presencia, y el desafío de que te ame es mayor que el respeto a ti misma. Porque es más fácil sufrir esperando por el mensaje que nunca llega que mandarlo al diablo y decirle que no estás para las ganas de nadie, a menos que tú las tengas... Pero no lo haces. Te callas, te culpas o no lo dejas y, en la ansiedad, te pones torpe, reclamona, absorbente, demandante.

El otro más se te aleja; entonces, te humillas, le pides por favor verse, planificas cómo conquistarlo, lo llamas, le escribes testamentos por mensaje, te recibe, tienen sexo, desaparece, sufres... Y lo peor de todo: sigues repitiéndote que te quiere y buscando las respuestas no en sus actos, sino en la justificación que haces de sus silencios.

Piensas que te lo mereces, que peor es la soledad o, algo más increíble aún, que tu amor lo va a cambiar. Si te resuenan mis palabras, mi consejo es que, si empieza a doler, debes echar afuera lo que no te parece correcto. Si el otro no te escucha, déjalo ir y sé libre del desamor evidente. Si no puedes hacerlo, no olvides que dañarse a conciencia es sin llorar. El amor no se obliga: se da.

17

CUANDO SUELTAS TU OBSESIÓN POR ALGUIEN

Cuando dejas de angustiarte por alguien, reemplazas ese tiempo que perdías mirando tu teléfono, esperando ver en tu wasap el «Hola» de algún sujeto, por hacerte cargo de forma más productiva de tu casa, tu trabajo, tus estudios, e incluso dedicando más tiempo de calidad a ti misma.

Ocurre también que, cuando sales con amigas, tu único objetivo no es *cazar*; por lo tanto, no te angustia que sean las dos de la mañana y tú estés todavía sin pareja.

Curiosamente, no te la pasas bebiendo para tener valentía: ya no la necesitas. Antes sí, porque sabías que la embriaguez te daría ánimo para suplicar, para llamar, o bien para adquirir valor y ganas para asistir esas cincuenta citas programadas con el fin de dejar tu soledad, independientemente de quién sea. Solo tú y yo sabemos lo agotador que significa estar en el *mercado del amor*, no sabiendo si debes desecharlo todo o quedarte con las sobras.

Cuando esa obsesión se aleja (ya sea volver con el ex, estar con cualquiera o, simplemente, no verte sola), te pones más bonita, más creativa. De pronto ya no entiendes por qué tienes tres invitaciones a salir en una semana si no las has gestionado y tú eras siempre la que tenía que buscar. Una maestra en el arte de la pesca, pero con una red sin fondo. Cuando ya no buscas e incluso no quieres, los prospectos se te juntan. Todo eso y más pasa porque dejas de vibrar en carencia, y así atraes a tu vida aquello que quieres, pero que sueltas.

No es algo esotérico, ni de luz divina ni alineación de los astros: eres solo tú haciéndote cargo de ti misma sin esperar que llegue otro a rescatarte. No lo necesitas: hoy ya sabes que tú eres suficiente para ti y eso te mantiene en calma.

Dale espacio a tu creatividad y busca instancias que te den plenitud. Si no las hallas, sigue intentando. Más temprano que tarde, tu cerebro se adaptará y aprenderás a ser feliz sin depender.

18

CUANDO ALGUIEN TE QUIERE, SE NOTA

¡Reflexión corta y al hueso! No te quiere. Una amiga me pregunta: «¿Cómo sé si le intereso?». Mi respuesta es: «No le interesas». El solo hecho de cuestionarlo es una clara señal de que no hay reciprocidad en el sentimiento. Si tienes que justificar sus conductas de indiferencia o buscar motivos que respalden su ausencia, simplemente, no eres importante en su vida.

Ella responde: «Tal vez es mi culpa. La última vez que nos vimos, le di señales erráticas. No me porté bien; creo que sintió que no me importaba. El problema soy yo y mis inseguridades».

Mi respuesta es: «No».

Cuando alguien te quiere, se nota pero, cuando no te quiere, se nota mucho más. Si te transformas en la causa, es porque no quieres enfrentarte a la realidad. «¿Entonces qué hago?», me pregunta ella.

«Sácalo de tu vida. Si regresa, depende de la forma en que lo haga y, si tú para ese entonces sigues disponible, acéptalo y plantéale que tu lenguaje del amor se basa en un concepto diferente. Si te oye, descubre el suyo y vuelvan a intentarlo», le respondo.

«Lo dices tan fácil…», me reclama mi amiga.

Yo solo digo: «Entonces quédate con su ausencia, regocíjate en un abrazo de humo y sigue esperando al lado del teléfono mientras pasa la vida frente a ti. Puede ser que exista un milagro y, de un día para otro, te conviertas en alguien prioritario en su vida».

Suspira.

«Creo que tienes razón», murmura a regañadientes.

«No seas lesa —le digo con cariño—. Él se lo pierde.

Y entonces vuelve a sonreír».

Reflexión

No te quedes paralizada si sientes que para ese otro no eres importante. El valor de la energía que destinas en alguien que no te quiere es el mismo valor que te atribuyes a ti misma esperando migajas de cariño. Sé que es fácil decirlo, pero es mucho más difícil sostenerlo para quien lo vive. Enfrentar con dignidad la indiferencia se llama *amor propio*. Que no se te olvide nunca que, para recibir un amor sano, debes amarte primero tú.

HERIDAS EMOCIONALES

De niña no me golpearon el cuerpo, pero sí el alma. No me abusaron sexualmente, pero quienes debían cuidarme y amarme pasaron por alto mis emociones, y violaron con ello mi derecho de sentirme segura.

Crecí con miedo, sola, desprotegida y con uno de mis progenitores alcohólico. Recuerdo haberlo querido ocultar de los vecinos entrometidos. Esos que te miran con pena cuando vas a la botillería con tu muñeca colgada del brazo a comprar más alcohol para que se tranquilice, para que se lo tome todo y se duerma pronto.

Recuerdo que, cuando mi padre estaba de buen humor, había mucha luz en la casa, hasta risas. Me tranquilizaba saber que podría disfrutar de unas horas de paz el resto del día; sabía que, si algo en su humor cambiaba, todo se volvería gritos, insultos, terror y penumbras.

Fui una niña vulnerada. No solo tuve que guardar mis necesidades emocionales en un cajón para luego tragarme la llave, sino que tuve que aprender a secar mis lagrimales para no llorar, y aprender el arte de poner el corazón de piedra con el fin de sobrevivir a tanta cosa que no entendía.

Nunca me sentí una víctima porque, en el fondo, y como muchos que han sufrido, normalizar el desamor y el maltrato fue una estrategia para existir, para respirar.

Yo entendía que no era raro que no me quisieran. Que solo me abrazaran el 31 de diciembre después de las doce de la noche. Tan normal como abrir los ojos era hacerme cargo de mis hermanos pequeños y olvidar incluso si tenía hambre, si tenía sed. La invisibilidad a los ojos de los demás era un color que para mí existía en la gama. Yo lo conocía y con este me dibujaba.

Creí siempre merecer escuchar malas palabras, recibir empujones, retos o silencios. Yo no sabía que había otra vida, otro mundo, diferentes circunstancias... amor. Yo no lo sabía, y treinta años de ignorancia me pasan seriamente la cuenta.

Reflexión

Tengo la certeza de que, para ser feliz hoy, debe sanarse el pasado. Somos lo que somos un poco por lo que fuimos. Desconocer tu historia es permitir que esos hechos aparezcan como fantasmas. Tomar consciencia de tus heridas significa recordar que, si pudiste con todo eso, es tiempo de que ahora recibas algo diferente.

20

CUANDO CREES QUE ES AMOR, PERO ES MALTRATO

Nada de mí te gustaba, pero yo seguía peleando. Me hiciste creer que todo me diste, pero caro cobraste. Que mi pelo estaba dañado, que si mal escribía, que si mi inquietud te alteraba, que si conmigo mal dormías. Me decías que era bella, pero me mostraste fotos de otras que lo eran más. Siempre te escuché decir cuántas habían esperado tu llamada, que yo era una afortunada. Casi te creí. Por un momento sentí culpa de no haber sido diferente, pero no podía serlo si, desde el día que me conociste, me hiciste ver que nada más me querías solo por un momento. No era mala tu idea, pero otra cosa me hiciste creer. Un abrazo y luego un golpe. Un pobre mensaje donde decías: «Ven» y luego «Ya no quiero verte». ¿Qué hace que una mujer se quede ciega, sin advertir que, tras tanta incongruencia, solo hay indiferencia? ¿Cómo confundí tus atenciones con afecto? Incluso me dijiste tantas veces que siempre eras así… yo cambié esas palabras. Me mentí creyendo que solo eran para mí.

Y la verdad estuvo siempre de frente. Ahora me castigo por lo tonta que fui y me lamento al mismo tiempo por haberme dañado. No hay culpables aquí: solo alguien que nada dio y otra que imaginó recibir.

Reflexión

A veces no vemos oportunamente las señales que el otro nos está dando e imaginamos que las cosas son diferentes, solo por nuestro deseo de que así sean. Es fácil compaginar actos y palabras. Si percibes diferencias, entonces pregunta y, si no te responden, arranca.

El maltrato también se disfraza de colores, pero esas telas por dentro laceran la piel. Por eso mi consejo es que no te confundas: quien te quiere realmente te cuida y te respeta. Jamás diría nada con el fin de que dichas palabras tomen forma de un misil disparado hacia tu corazón. No lo haría porque ni siquiera se le pasaría por la mente hacerlo. Y, si lo hace, sal corriendo: nada de lo que creas de ti hacia él justifica que te lastimen.

21

EL DOLOR DE SER LA AMANTE

Para escribir, no solo hay que tener talento. Hay que ser empático, saber ponerse en el lugar del otro sin prejuzgarlo, sin que afecten las propias creencias en la historia. Se debe escuchar con neutralidad, con la mayor objetividad posible para que el escrito tenga un contenido que finalmente transmita algo coherente.

Parto de esta introducción porque el siguiente tema podría ser controversial, así que les pido comprensión y a rescatar el fondo, y no la forma. Aquellas que no sufren y lo pasan bien, omitan este escrito. Este es para las que aman a un hombre casado y sufren, y no pueden continuar sus vidas en paz.

La historia de hoy va dedicada a todas las amigas amantes, *las otras*. Una mujer amante es una mujer, al fin y al cabo, aun cuando suene redundante. Tiene sueños, esperanzas. Quiere amar y ser amada. Es hija, hermana, colega, tía, amiga. Comparte los mismos roles que cualquiera de nosotras, *las buenas*.

Tal vez tenga las mismas carencias afectivas que el resto del mundo, similares heridas, cicatrices en su alma, lesiones en la autoestima, dependencia vincular, padecimiento de soledad crónica involuntaria, estrés postraumático tras una mala relación.

Tal vez sea su primera vez como amante, o también haya vivido relaciones malsanas y esté dormida en la inconsciencia de algo que nunca (o casi nunca) cumplirá con sus expectativas. Una amante es una mujer que equivocó el rumbo.

Se encontraba en el momento y día equivocados, consumida por su vulnerabilidad, atrapada por su baja autovalía. Así como todas las otras, quiso confiar, darle una oportunidad a la vida, al destino. Obviando la existencia del karma, pasando por alto que, como en todo lo mal habido, una continuidad sana es improbable.

Sin razonamiento lógico, a fe ciega de que el personaje le provea de todo lo que busca y anhela, de que en esos brazos encontrará la seguridad que tanta falta le hace, de que, en el intento de quitada de un hombre a otra, ganará la guerra y se sentirá mejor cuando logre su objetivo.

Una amante es una mujer que sabe, pero que no cree que ese hombre jamás será suyo. Pero se refugia igualmente en esas horas clandestinas, en que fluyen la pasión y la novedad, dejando atrás por instantes la cruda realidad de que, en la raya para la suma, está sola. Está en una mala soledad, creyendo estar acompañada, con la esperanza en el triunfo, con la fe ciega de que las palabras del personaje son sinceras, de que realmente la ama, de que aquellos hombres no dejan a sus esposas solo por sus hijos, de que, aun cuando comparten la misma cama con ellas, dicen que «hace mucho que no hay vida marital».

Los hombres casados tienen una facilidad para hacerles pensar a las amantes que pronto llegará el momento de la definición, pero que, mientras tanto, deben asimilar que pasarán solas su cumpleaños, navidades, fiestas patrias, entre otras fechas.

Se deben acostumbrar a esperar la llamada. ¡Pobres si ellas llaman en horas inapropiadas! ¡Lo más probable es que el hombre se moleste y no les toquen las cuatro o cinco horas de esa semana!, ¡Qué padecimiento les generaría eso!

Deben olvidarse de la posibilidad de que aparezca alguien mejor en sus vidas, porque están esperando el milagro de que se concrete el idilio pronto. Porque creen en las promesas, en las palabras bonitas, pero no ven lo inconsecuente de sus actos. Una amante se debe acostumbrar a las sombras, a la noche o, si es de día, al encierro. Debe ser fuerte ante el juicio público y, lo que es peor, al de su propio juicio interno. Debe cultivar la paciencia, la indignidad, la inconciencia, para no sufrir ante el daño a terceros. Una amante debe hacerse ciega para no ver cómo se le va la vida como agua entre los dedos. Debe acorazarse para no sufrir, embriagarse para sonreír, doparse para poder dormir.

Es tan triste que por eso decidí escribirles… para decirles que nunca será tarde para dar la vuelta en U. Para mirarse, recogerse, sacarse la venda y ponerse sordas para evaluar si los actos de aquel hombre son consecuentes con las palabras bonitas. Les hablo con amor para decirles que nada bueno puede salir de un comienzo como este, que, aun cuando logren concretar el objetivo, siempre y en algún punto sentirán miedo de que les pase lo mismo. Lo digo sin juicios, sin señalarlas. Siempre es un buen momento para dejar de sufrir.

NO TE QUIERE

¿Te es infiel? No te quiere.

¿Se fue con otra? No te quiere.

¿No responde tus mensajes, te deja los vistos o no asiste si han quedado en juntarse? No te quiere.

¿Te dice que no quiere verte? No te quiere.

Dice que te quiere, pero sus actos lo contradicen en un 100%. No te quiere.

No te llama, no te busca ni te da la más mínima señal de verte. No te quiere.

¿Te pega, te insulta o te humilla? No te quiere.

¿Qué otra señal necesitas para dejar de humillarte, agredirte e indignificarte?

¿Qué pretendes que pase?, ¿que, por arrastrar tu cuerpo y tu alma hacia esa persona, de pronto y por arte de magia te ame otra vez? No sucederá y, muy por el contrario, el muro ya de tres metros entre ustedes se hará de seis metros, y no solo sentirá lástima de ti: tal vez sienta hasta miedo de tu insistencia.

Deja de dar si nada recibes; reciprocidad es también una muestra de amor a ti mismo. Perdóname la crudeza, pero no esperes que te engañe. Recibe mi abrazo tras este tirón de orejas.

EN MI MUNDO DIFERENTE

A veces se me confunde el sexo rico con amor verdadero. No sé bien a qué se debe pero, si me dicen al oído cosas tales como «Eres mía» o «Te quiero para siempre», ya me estoy imaginando desayunos, almuerzos y cenas. Pero lo cierto es que esas palabras fueron dichas en un momento en que la dopamina hacía de las suyas en la mente del otro y en la mía también. Pero me gusta querer, no solo sentir placer momentáneo; debe ser por eso que me pongo tan creativa al momento de pensar en lo que va a ocurrir después de que el coctel hormonal baje las revoluciones. Yo siento que, cuando conecto en cama, o de piel a piel, o simplemente me saco los ropajes del prejuicio, es porque me reconocí y me identifiqué en el otro.

Un amigo neurólogo me dice que no sea ilusa, que esto no es una cuestión de almas, sino que son mecanismos químicos compatibles y que vuelven a punto cero cuando el acto sexual se consuma. Yo quiero creer en algo diferente, pero la vida me planta siempre los mismos escenarios y, cuando estoy por creer que mi idealismo no tiene asidero, recuerdo que soy más terca que una mula y que seguiré fiel a mi convicción de que detrás de todo hay un sentido, un trascender, una conexión con propósito que, de no manifestarse, simplemente es porque su tiempo no le correspondía todavía, y ya.

No quiero cambiar para adaptarme a un medio frío, superficial y hormonal. Me resisto a creerlo y sigo fiel a mis convicciones de que, aunque en mi mundo las cosas pasen de manera diferente, yo haré y sentiré en mi realidad lo que se me dé la regalada gana hacer o sentir, procurando únicamente no dañar a mi prójimo. ¡He dicho!

PROCRASTINACIÓN

Dejaré de procrastinar. No me haré la lesa con lo importante. Escribiré una lista con las prioridades y me iré haciendo cargo de estas una a una. Estoy segura de que, un buen día, la pereza se irá, y llenaré mis espacios con actividades tan productivas que no solo me darán más ingresos, sino que también llenarán mi espíritu.

Más temprano que tarde, iré al médico a exámenes de rutina y retomaré aquel viejo tratamiento dental interrumpido en el 2000. Haré una dieta para no lamentar lo hinchada que me veo cada vez que el espejo se me planta de frente; evitaré la sal y entenderé que gran parte de mi estética es producto de lo que yo me echo a la boca, no culpa ni del destino ni del viento.

Ya vendrán aquellos tiempos en los que me daré el valor que merezco, y ya no sufriré por un otro que no existe, o bien por aquello que quiero tener y no puedo. Un buen día, voy a despertar y, al ver cómo perdí el tiempo, me voy a poner a vivir, esta vez sin lamentos. Tengo la esperanza de que ese día no tardará en llegar.

Reflexión

Hazlo ya. No dejes que la vida se te pase sin hacer nada para hacer de este tránsito un camino de plenitud. El momento es ahora, y no cuando ya no te queden fuerzas físicas ni mentales para intentarlo.

ÁNIMO

Síííí... ¡a ti te hablo! Cierra los ojos un momento y piensa bien antes de responderme. Mira hacia atrás y paséate por distintos episodios de tu vida. Ve por los más tristes, los más duros. Recuerda y tráeme el o los momentos de todos esos instantes en los que creíste que no lo lograrías, en donde sentiste que era imposible superar esa ruptura, una muerte, una enfermedad, la pérdida de un trabajo, algo en lo que casi te hayas dado por vencido, sin un atisbo de fuerza para seguir caminando.

Ahora regresa conmigo; abre los ojos, ¿lo ves? Sí, se podía; sí, lo resolviste; sí, dolió, pero sigues aquí. Solo vemos grandeza en nuestro ser cuando vamos a buscar experiencias complejas y resueltas, pero eso se nos olvida y en el presente creemos que lo malo nos va a superar. Pero no es así. Cuando sientas algo parecido, ve por ti, hacia atrás, y verás por un instante que ni las piedras son más duras que tu propio coraje.

EL DÍA QUE SE ME ACABARON LOS CLAVOS

Ya por fin, sana del original, te contaré que la vida se ve de una manera totalmente diferente. Siempre me preguntan cómo se sabe cuándo uno olvida al ex. Es fácil: ya dejas de preguntarte eso. Y no es que se te vayan los recuerdos; de vez en cuando, aparecen por ahí, incluso en simples detalles: un sueño, una imagen, su cara difusa entre la gente. Sin embargo, la diferencia de dichas apariciones es que ya ninguna duele, ni emociona, ni te pone iracunda; solo pasan, como una hoja que cae del árbol, una ráfaga de viento, o un silencio repentino en medio de mucha bulla. Así llega y así se va.

Ese recuerdo tiene efecto neutro; sabes que existe, pero no te importa… Y es entonces cuando ya podemos hablar de que estás curada, pero de su presencia, no de los fragmentos que quedaron en ti, tras su paso por tu tierra. Eso ya es parte de otra historia que no contaremos aquí.

Ya me había hecho la mala terapia de los clavos. A esa altura, ya calmada de la necesidad de afecto, había soltado mis ganas de conocer a alguien y de tener una relación. Como no tenía la excusa de olvidar, querer llamar, sacar celos, tener compañía, etcétera, ocupé ese tiempo en hacer mis cosas, cuidarme, entretenerme conmigo. Entonces, mi creatividad rebosante comenzó a hacer de las suyas en muchos aspectos, y logró llenar espacios y prescindir de otros (entre estos, de la *cacería*). No hubo más citas, ni más sexo casual, ni

Tinder, ni bailes candentes en antros capitalinos, ni ganas ni tiempo ni apuro por conocer a un hombre. Se acabó la búsqueda y la espera; me quedé sola, pero felizmente así y construyendo mi historia con los pedazos que yo quería en cada una de sus partes. Mientras me concentraba en mi presente y era plena y consciente de mí y de lo que quería, entonces, adivinen... Apareció él. Pero, como es un cuento en construcción, no puedo adelantar detalles todavía.

Reflexión

El día en que te encuentras, te abrazas y te amas, le pones punto final a la historia antigua. Un nuevo comienzo aparece; eres protagonista de tu vida. Estás tranquila, ya que sabes que jamás aceptarías un papel secundario, y eso te quita el miedo a ser herida nuevamente.

27

YA ESTOY LISTA PARA VOLVER A QUERER

¿Y eso cómo lo sé? Porque dejé de buscar. Lo que llega y me place tomar lo recibo sin proyectar. Porque la soledad no me duele, se me hace corto el tiempo e incluso más horas de este necesito para mí. Porque prefiero el erotismo de un libro misterioso, un café molido a mano y, de fondo, Alanis Morriset antes que tener que cruzar veinte kilómetros para ir por alguien que solo ve futbol mientras yo espero que el partido termine. Estoy lista porque, antes de tocar a otro, quiero mi cariño de espalda, mis besos en el cuello, un roce de hombros y que, sumado a ello, me fraseen cosas al oído. Ya no intercambio placer por amor, sino que ahora amo intensamente y, con lo que soy, para bien o para mal, me entrego.

Estoy lista para querer porque ya conozco la palabra *desde*; la remplacé por *a pesar de todo*. Mi *desde* para querer hoy tiene muchos requisitos. Por eso sé que estoy lista no solo para decirlo, sino también para vivirlo. Así que, mi querido señor tiempo, tómese todo el suyo si lo necesita. Ya no les temo a las agujas del reloj.

Hoy entendí que, para tener un jardín bonito, debo sembrar mis lirios y rosas sobre tierra fértil. Que no se puede tener un amor bonito, cuando se tiene un corazón oscuro. Estoy lista para querer porque, además de todo eso, conocí los riesgos de poner mi felicidad en manos de alguien cuya presencia es impermanente, abrazando, desde hoy en mi corazón, la convicción absoluta de que puedo proveerme de todo aquello que necesito para comenzar a amarme.

MUJER DE ALAS DE COLORES

Si pudieras comprender la importancia de tener una mentalidad fuerte, les prestarías más atención a tus procesos internos, y no tanta a aquello que está afuera. Sin embargo, te olvidaste de lo más importante: enfocarte en ti y descubrir, desde ese lugar, aquello que hace que tu vida tenga un sentido, un motivo, un destino diseñado, con el fin de pasar por este mundo, en consecuencia con tus anhelos y deseos, y no en la obligación de cumplir siempre las expectativas de los demás. Basaste tu autovalía en aquello que viene de afuera, y caíste al piso toda vez que algo de eso perdiste. Habría bastado solo pararte y comenzar a construir en vez de llorar. La receta ya era tuya, pero no recordaste que fuiste la gestora de todo. En el minuto que hubieras querido, volvería aquello de afuera, más sólido, más funcional e incluso, mejorado. Cuando tienes una mente fuerte, no te permites que un despido, una quiebra o una ruptura de pareja te quite el valor de ser quien eres, aun sin todo eso encima. Ojalá ya jamás vuelvas a quedarte ni tan dormida para ignorar, ni tan ciega para no verlo, que no se puede depositar la vida misma, en pelotas que giran en el aire. Una de estas se va a caer alguna vez. Tú siempre serás capaz de pararte de nuevo, y reparar cualquier desastre por el paso de los huracanes que te queden en el camino. Lo que ya jamás puedes volver a hacer es dejar de creer en ti. Amor a ti es confiar en que, a pesar de las circunstancias, siempre puedes volver a pararte y, cada vez que lo hagas, incluso mucho más erguida que la anterior. Amor a ti es tener el mejor autoconcepto, la más sólida autoconfianza y el mayor auto-control, todo junto en una triada que te sustenta y te posiciona como el ser grandioso que siempre has sido. Amor a ti es no irte a la cama para no ver la luz del día, no dormirse en la esperanza de esperar que un milagro ocurra. Amor a ti es mirarte en el espejo y sentir en carne propia que tú eres ese milagro que podrá conseguir todo aquello que en tu corazón quieres realmente para tu vida.

RUPTURA

CORRÍ PARA NO QUERERTE

Yo conocí a alguien lindo. Era como esos que me gustan a mí. Ni tan indiferente ni tan insistente. Un tipo normal, con el que podía hablar mucho, reírme, beber, sentir placer y también dormir. A él le gustaban cosas parecidas a las que a mí me gustan. Sé que ambos compartimos el amor por la palabra: la escrita en poesía y también aquella que se verbaliza como si fuera una sentencia.

Aun cuando nunca lo habíamos hecho juntos, para cada uno, viajar era parte de aquello que había que hacer con cierta frecuencia, como moverse, caminar, subir cerros y mirar el mundo como tarea obligada.

Éramos así: simples, honestos, adultos, como dos amigos que no tienen problema en contarse cosas y que alguna vez vieron, en el otro, una posibilidad de quedarse allí un rato.

La vida me lo puso de frente, casi por casualidad, cuando el verano hacía su retirada. Por esas cosas de los miedos y de las heridas, yo no quería querer, y me fui corriendo como tantas veces lo había hecho, solo para no tener que sufrir.

Pese a que salí rauda de allí, al año siguiente, también cerca del fin del verano, me lo topé otra vez y, casi como copia exacta de la primera, todo se repitió de la misma forma.

Llegó a mi vida con su voz calma, su escucha activa y sus besos extraños, una mezcla de amigos, amantes y desconocidos, todo en un apretón de labios. Otra vez no pude quedarme; no supe cómo hacer las cosas, qué decir, qué hacer, cómo ser.

Me sentía desnuda con tanto que me leía sin decirle una palabra… Yo no quería estar tan expuesta; me es más fácil pasar de incógnito que me vean como una mujer débil.

Ha pasado el tiempo desde la última vez que lo vi; de cuando en cuando cruzamos algún «Hola» frío por WhatsApp, pero cada vez sin menos ganas de extender el saludo.

A veces quisiera hablarle, llamarlo o escribirle, pero pienso que ya hay sentencia y que dos veces fueron tiempo suficiente para intentar construir algo, pero yo no estaba lista y, aunque a veces quiero verlo, no sé si todavía estoy lista.

Reflexión

A veces dejamos ir grandes posibilidades, pensando que negarnos amor dolerá menos que huir de este. Es un robo que nos hacemos a nosotros mismos no permitir disfrutar un rato por predecir un abandono que quizá ni siquiera exista.

LO DECIDÍ EN LA DUCHA

Dicen que, cuando uno tiene la cabeza alborotada, no puede pensar con claridad. Yo me la pasaba corriendo todo el día. Primero los chicos, la levantada, el baño, su desayuno y rauda al cole para luego irme a la oficina con todo, y los bemoles de un día que no paraba. Almorzaba en no más de veinte minutos, y un par de llamados a casa me tranquilizaban el alma.

El confirmar que todo andaba bien me cargaba pilas para seguir la tarde hasta eso de las 19:15, la hora en que salía del trabajo para, luego de un rato largo, terminar el día con la rutina de siempre. A veces casi ni quería llegar pronto.

Los niños, la cena, tareas, limpiar, y una que otra actividad tediosa, para recién acostarme a eso de las 23:30. Si tenía suerte, dormía antes que mi marido y no me desvelaba al son de la tele fuerte y los ronquidos desarmados, lo que daba a la noche el remate preciso para una vida de mierda. Triste es decirlo, pero así de cierto es sentirlo.

Una que otra noche, cada vez en retirada, me buscaba el cuerpo como si fuera carne, pero ya sabía yo cómo correrme para que no siguiera. No se lo decía, pero el gran espacio de la cama era una voz gritona. «No me toques», susurraba mi silencio, y parecía que escuchaba y, luego de un rato, daba la vuelta. Yo me dormía acompañada pero, en el fondo, sintiéndome tremendamente sola.

Lo decidí en la ducha. Le dije que se fuera, que ya no lo quería, que estaba aburrida. No me importaron la casa, los niños, la familia. No saqué cuentas; no evalué daños. Entre nosotros no había amantes, peleas ni maltratos: simplemente, se me quitaron las ganas, y punto pelota.

Jamás sabré si fue la decisión correcta, si debí o no luchar para reparar. No sé si afectará a los niños, si podré rehacer mi vida y, en la incertidumbre de mi camino, seguro algún día sabré si hice bien o hice mal. Qué más da... Ahora estoy sola de nuevo, y todo vuelve a comenzar...

Dicen que la vida es un conjunto de decisiones: unas conscientes y otras ocultas en una mente sin memoria. Yo me había ido hacía mucho tiempo; solo que esperé un poco para escucharme y decirle que había dejado de quererlo.

3

GHOSTING

Conociste a alguien. El interés fue mutuo; comenzaron los llamados, wasaps, las citas, e incluso sientes que podría ser una alternativa para quedarte allí un rato. De pronto, y sin explicación alguna, no sabes nada más de esa persona. Su silencio se toma todos los escenarios posibles, y te quedas atónita con el interrogante de qué pudiste haber hecho mal, pensando incluso que algo le pudo haber pasado. No te cabe en la mente el motivo de su distancia, ya que, según tú, todo andaba bien. Pero no está en un hospital, ni nadie de su familia murió. No tuvo que realizar un viaje inesperado por trabajo: solo desapareció, y punto pelota.

Estos casos se producen con más frecuencia en aquellas relaciones que se inician a través de aplicaciones de citas, en donde la variedad y la inmediatez ponen al *ganado* en engorde, hasta que una buena presa sale y se convierte en víctima de otro que se la come, hace la digestión y, luego, va por otra.

Las personas que hacen esto podrían no tener ningún grado de empatía respecto de los sentimientos de quien huye, pero también existirían casos de algunos que sí sienten culpa. Pero la evitación del conflicto está por sobre su sentir, y les es más cómodo desaparecer sin explicar.

Resumiendo lo anterior, hay algunos con remordimiento y otros a los que les da exactamente lo mismo. Lo cierto es que las tecnologías han hecho que cada vez sea más incómoda la interacción personal toda vez que se decide abandonar una relación, optando por el silencio como una forma válida de darla por terminada.

Quien vive esta experiencia experimenta mucho dolor por el abandono y, aunque haya sido una relación breve, le cuesta más recuperarse y cerrar el ciclo, ya que suele darles mucha vuelta a los motivos de la indiferencia, y así se generan culpa, tristeza y baja autoestima.

Existen casos en que la persona que desaparece sigue teniendo en redes sociales al afectado, incluso con conductas contradictorias al abandono, como revisión de sus historias y vistas de los estados de WhatsApp, dejando al otro con el interrogante de qué hizo mal para que le dejaran de escribir y contestar, pero más aún, por qué sigue intruseando digitalmente, sin recibir señales de vida de aquel que la ojea.

Posibles motivos

1) Está en una relación con otra persona, y no te lo dijo.

2) Quería una relación casual.

3) No le gustó algo de ti, y puede ser cualquier cosa, no que tú tengas algo mal; solo que a veces no hay química entre dos personas, y eso es una realidad que no se expresa.

4) No está emocionalmente disponible; tal vez quedó sin empleo, o está deprimido o en una situación de estrés, y no le interesa dar continuidad a una relación, ni mucho menos explicar las causas.

5) Sigue pensando en la ex y está buscando *sustitutas* para olvidarla, pero es obvio que no va a decírtelo.

6) Le gusta tener interacciones a través de un medio digital, ya sea para aprovechar la cita, conocer personas y aventurarse a lo que salga de ella, todo sin una intención de vincularse más allá.

Independientemente del motivo, lo que hay detrás de ese silencio, es que NO LE INTERESA seguir relacionándose contigo, por tanto, da lo mismo el porqué. Lo único que te toca es aceptar la situación sin pegarte latigazos, porque son tantas las posibilidades detrás que no vas a dar jamás con aquella que te tranquilice.

NO TE INVENTES NADA, no busques, no pidas explicaciones: no querrás que te digan a la cara algo evidente; no tiene sentido. Bloquea, y retírate tú también.

Quien te mira los estados y revisa tus historias no necesariamente tiene interés en ti; muchas veces eso se hace por curiosidad. Son comportamientos naturales de la digitalización: no vayas a armarte rollo con eso.

Si quieres que no vuelva a pasarte, no te expongas ilusionándote con personas a través de las aplicaciones; disfruta el momento, pero no te hagas expectativas hasta que no veas hechos concretos de ese personaje que apareció de la nada.

Debes entender que conocer gente en un bar, en Tinder u otras aplicaciones tiene más riesgo de que te pase algo como esto, PORQUE NO SE CONOCEN, así que existe menos compromiso de dar explicaciones.

Y recuerda: tu valor no depende de las conductas de otro, sino de la apreciación que tú haces de ti, entendiendo siempre que cada ser humano tiene su propia historia y que, muchas veces, aquello que hacen los demás no siempre tiene que ver contigo, sino con ellos y sus heridas de arrastre.

CUANDO FUI SU MARIONETA

Alguna vez estuve en una permanente vigilia, portando escudo y espada inclusive.

Quería repeler esos ataques de los que, sin saber de dónde vendrían, sabía que tomarían forma de combos, gritos, silencios de cuatro días, o cualquiera de esos atentados que otro te hace con el fin de verte colapsar.

Recuerdo bien que para mí no había más opciones que la de defenderme; mi voluntad estaba sometida a su influencia. Llegó a ser más castigo pensar en perderlo que salir de ahí corriendo.

Llámame *loca* o como quieras, pero estaba enajenada y confundida con su amor-odio, que no me permitía distinguir la ficción de la realidad.

Sus estrategias eran tan elaboradas y subliminales que parecía que fuera normal que me acribillara con sus palabras y acciones a quemarropa, creyendo incluso que era culpable de merecerlas, por ser yo la gatilladora de sus malas emociones.

Su habilidad de dar vuelta las cosas era de tal alevosía que hasta me llegué a sentir loca un día. Sus flores y detalles con promesas precedidas por insultos y reproches me revolvían la mente, hasta el punto de preguntarme: «¿Qué me pasa?».

En ese entonces, la palabra *terrorismo* solo la conocía por películas o por noticias; ya luego iría entendiendo que también lo había en un sentido emocional y que ese sería el comienzo para poder soltar cadenas...

Si te parece que tiene sentido esta reflexión, es importante que investigues el concepto que hay detrás, para que logres despertar del letargo de creerte loca cuando es el otro el que quiere convertirte en tal.

Cuando eres una mujer resuelta, con consciencia de tu poder personal, con determinación en tus decisiones y con un claro concepto de ti misma, estos personajes no osan acercarse a ti porque ese formato de mujer ¡¡NO LES SIRVE!!

No te conviertas en carnada de un humano que no tiene corazón; saca de ti a esa mujer fuerte que hoy está oculta en un disfraz que no le pertenece.

TÚ NO LO HAGAS

Lo que más duele tras una ruptura no es exclusivamente la pérdida de tu pareja, sino todo lo que te arrastras suplicando oportunidades y recibiendo, por ello, portazos en la cara.

Algunos son políticamente correctos y otros, sin anestesia (esto pasa cuando ya cansas al otro de tanto suplicarle que regrese). El rechazo duele más que el desamor.

Además de perder a una persona a la que amas, te acabas de perder a ti misma desde el día en que decidiste insistir, aun sabiendo que lo correcto era retirarte. Sientes cómo, tras esos eventos, quedan en ti la ira, la pena, la culpa y una autoestima rota en mil pedazos, que va a costarte mucho reparar. Por eso, ahora, cada vez que se te muevan los dedos sobre el celular para decir hola, o por aquellos días de cumpleaños y aniversarios en donde con inocencia consideres que saludar es una trivialidad, o por esos arranques de llamarlo o mandarle audios diciéndole que lo amas, que lo extrañas y que vas a cambiar y por cada vez que busques excusas para justificar su indiferencia (ya sea con lo que hiciste o dejaste de hacer), vas a respirar profundo y te vas a imaginar a ti habiendo dicho a otro que NO. Entonces, recrearás a ese otro buscándote con alevosía, y te pondrás en el lugar de ser presionado cuando no quieres y de entregar amor cuando no lo sientes. Te aseguro que en cinco segundos se te quitan las ganas de mendigar cariño, porque lo que mereces es un banquete de amor honesto y voluntario (solo que no lo sabes).

LO SIENTO: YA NO TE QUIERO

Ya no te quiero. Cuando te conocí, jamás pensé que llegaría el día en que escribiría esas *simples palabras*, pero de tanta carga emocional. Así como tú, también tenía la certeza del *para siempre* y, aunque ambos sabíamos que eso era mucho tiempo, la intención de perpetuarnos tenía más sentido que el sinsentido de aquella afirmación. *Para siempre.*

¿Quién puede proyectarse hacia lo que no existe? Somos finitos en cuerpo, en existencia física, y nosotros juramos caminar juntos hacia un punto ciego. Queríamos que resultara y, con la fe que te da creer tanto en aquello que no ves, nos tomamos de las manos y dibujamos el enlace.

Ocho años despertando junto a ti; tantos inviernos, navidades y cumpleaños… tan amigos, tan cómplices… De mirarnos nos adivinábamos y, sin estar cerca casi, incluso ya mimetizados en fondo y forma.

Pintaste la terraza del color que yo quería y, aun contra mi voluntad, te dejé traer perros: esos grandes, esos soberbios… Sus ladridos y mis colores convergían en una sola identidad… en un *nosotros*. Quien diría que esa unidad se iría disolviendo con el paso de los años, hasta poner en mi boca las palabras impensadas pronunciadas al inicio de esta carta: «Ya no te quiero».

Reconocerlo era difícil; el decírtelo, improbable, pero el tiempo seguía pasando y, aunque estaba muda, mi silencio lo iba pronunciando y, tú sufrías... y yo sufría también porque tú ya lo sabías.

Liberarte del tormento de mi desamor fue igual de difícil que dejar de amarte; sin embargo, no era justo retenerte. Merecías otros brazos que te dieran más calor y menos frialdad; por otra parte, yo ya no quería seguir medio muerta. Tenía la esperanza de dejarte ser feliz y darme, de paso, la oportunidad de comenzar a vivir de una manera diferente, con un amor real, y no quedarme por compromiso lamentando toda la vida no haber hecho lo correcto ni para ti y para mí.

7

LA SOSPECHA

Es sabido que las mujeres gozan de una intuición muy desarrollada, tanto que se las ha llamado históricamente *brujas*. Lo cierto es que mantuve dormido ese sexto sentido; no era necesario: mi relación estaba tan sólida como una roca misma. Sin embargo, y sin quererlo, la palabra *duda* comenzó a tomar forma de acciones concretas y a manifestarse en la cotidianidad del día a día, en los silencios, en la cabeza gacha de ese hombre que antes solía mirarme a los ojos y de frente.

Duda en su café a medio tomar por el apuro de salir corriendo, en su teléfono apagado, en evasivas a mis preguntas por tanta distancia e incluso en esa cara de culpa que le baja las cejas.

De mujer racional pasé a un estado mental de psicosis con rasgos delirantes. Ya no me concentraba en el trabajo; atendía a mis hijos de forma autómata. La limpieza y orden de la casa dejaron de ser un foco, y todas mis energías antes destinadas a la familia tomaron el cauce de un correntoso río.

Solo quería descubrir quién me lo estaba arrebatando. Y así, de la sospecha, pasé a la investigación. Una mujer es hábil en buscar, y un hombre, poco acucioso en dejar pistas.

Fueron apareciendo boletas de cosas, de lugares, de gastos que no estaban destinados a nuestro hogar, lo que me hizo perseguir, con todas las herramientas posibles, alguna evidencia que me permitiera enfrentarlo y romper su cruel silencio. Ahora me pregunto por qué no me quitó el tormento de la investigación y solo dijo lo que estaba sucediendo la primera vez que había preguntado.

Sin duda, el período de búsqueda es tanto o más duro que la infidelidad en sí misma, pero tuve que vivirlo y, con las primeras pruebas, comenzó el enfrentamiento.

La primera frase que escuché de su boca tras el desnudo de los hechos fue: «Estás loca»; triste es recordar que llegué a sentir que sí lo estaba. Ya no comía, ya no dormía; pensaba obsesivamente en encararlo. Sufría y había perdido el norte y rumbo de todo lo que alguna vez había tenido más claro que el agua misma.

«No puede ser cierto», me repetía. «Tal vez sí estoy loca, tal vez lo estoy imaginando, tal vez está todo en mi cabeza», así me sorprendí muchas veces repitiendo aquello frente al espejo...

8

LA CONFIRMACIÓN

Sin embargo, seguí pensado que los hechos hablan por sí solos y que las palabras se las lleva el viento. Enloquecí realmente durante muchos momentos.

De mis luces, salieron mis sombras, las reales, esas que todos llevamos dentro, pero que unos, más evolucionados que otros, saben equilibrar de mejor manera.

Mi descontrol emocional llegó a límites tan insospechados por mí y por mi entorno que ya casi ni me reconocía.

Lo peor de todo es que él, en vez de darme calma, seguía poniendo frente a mis narices la evidencia de los hechos. Para esa altura ya estaba con licencia en el trabajo, con mi hijo menor en terapia y con los amigos y familia totalmente divididos. Fue un tiempo en que olvidé sonreír, en que las lágrimas se plasmaron permanentemente en mis ojos.

Estaba fea, delgada; parecía un ente sin rumbo. De la bella y energética mujer que había sido solo quedaban las fotos, esas que ni siquiera me atrevía a mirar.

Sin embargo, en la vida, la verdad siempre se manifiesta y, un buen día, él ya no pudo sostener su mentira y tuvimos que pasar a otra fase, casi más difícil que las anteriores.

La amas y te vas, me amas y quieres reconstruir la relación, o te quieres quedar con ambas. Cualquiera de las tres opciones partiría mi vida en dos pero, sin duda e inconscientemente en ese momento, la que menos quería fue la que se dio.

Él solo dijo: «La amo... y a ti ya no».

Cuando escuché esa frase, experimenté un dolor que debe parecerse cuando alguien importante muere, porque podía sentir cómo se me rompía el alma, aun cuando no tiene forma. Caí de rodillas en el piso y no pude articular oración alguna. ¿Qué pasó después? Se fue. Así… sin más.

Lo hizo; quedé medio muerta y tuve que ver un largo tiempo a mis hijos y familia con el corazón destrozado. Ahora el cronómetro partía en cero otra vez...

Gracias a mi racionalidad (casi perdida en ese momento, pero existente todavía), recordé que todos los procesos traumáticos en la vida de las personas requieren, para sanar, pasar por las distintas etapas de desajuste emocional.

Sabía también que el cerebro, en su perfección, nos da las herramientas para cronológicamente ir transitando cada una de estas porque, aunque sintamos lo contrario, la biología está por sobre las emociones. Aun cuando a veces se confundan en estas (más temprano que tarde), las cosas se ajustan pero, para dar paso a ese proceso, tenía que ser consciente de este y ayudarme a transitarlo.

Me informé del tema cuanto pude; debo de haber leído más de veinticinco libros y haber visto videos de autoayuda por más de seis meses. Regresé al trabajo, ordené la relación económica y de visitas a través de la vía judicial, sin preocuparme si se cumplían o no: primero tenía que sanar yo.

Los problemas se deben priorizar e ir solucionándose sobre la base de eso: ahogarse en todos no te deja ver el bosque. Me di permiso para llorar, victimizarme, recordar, pero con fecha de vencimiento y poniendo límites a no perder la dignidad por el dolor. La lectura ayuda mucho: te hace pensar de formas diferentes.

Decidí que, si ya no sería la de antes, iba a ser la mejor versión de mí, porque sanar es una decisión. El «No puedo» solo está en la mente de las personas que no creen en su grandeza.

Me propuse crecer intelectual y espiritualmente; comencé a cuidar mi cuerpo como si fuera un templo, a hacer ejercicio, comer sano y, sin darme cuenta, el diamante tras la roca asomaba sus reflejos y ya me iba sintiendo mejor cada día.

No sé exactamente cuánto tiempo pasó, y ciertamente sufrí, pero la consciencia en mí misma me hizo considerar que no solo yo merecía ser feliz, sino que mis hijos necesitaban a su lado una madre sana, sin odio, sin desequilibrio, y también por ellos me hice fuerte para seguir caminando aun con las piernas rotas.

Fui aprendiendo que ser feliz es una decisión y, de tanto repetírmelo, lo creí y lo internalicé como una verdad absoluta, lo que causó que él comenzara a marcharse de mi vida… pero esta vez sin corrosivos y para siempre.

9

MUJER END

Soy una mujer «Emocionalmente No Disponible». Me asumo como tal, sin orgullo claro, pero con la consciencia de que aquel que quiera establecer una relación conmigo no la sacará barata.

Tengo tantas cosas en las que poner foco que pensar en destinar horas de mi día (que escasamente alcanza para todo lo que tengo que hacer) en una relación de pareja me genera tanto o más ruido que, incluso, no tenerla más.

Ser emocionalmente no disponible no siempre significa desequilibrio; muchas veces hay personas que están más ocupadas en otras cosas y, como no quieren hacer daño no aportando algo, simplemente, no se embarcan. Tampoco lo necesitan; han aprendido a vivir de una manera diferente, fuera de los cánones sociales que exigen ser pareja de alguien. En la libertad de sus tiempos, distribuyen su vida calzando el sayo las veinticuatro horas del día. Hacen deporte, trabajan, estudian, salen con amigas, meditan y luego descansan.

Para ellas, la noche no es día, y conocen el placer de la llegada del fin de semana, pero no para darse a los brazos del otro, sino a los suyos con todo, y con el silencio que necesitan para seguir creando. A ellas les molesta viajar acompañadas; aman la aventura de tomar un avión y conocer lugares y personas solas. Son como pájaros, más bien águilas que, si se enyugan, sienten que un poquito de su libertad se les muere, o un poquito mucho, diría yo.

Tienen necesidades afectivas como todo el mundo; también sexuales y de compañía intermitente. Por eso, cuando salen con alguien, no le mienten; siempre aclaran que lo suyo es *hoy día*, pero no es fácil comprenderlas, y a veces pareciera que frías caminan dejando al otro con el corazón roto.

Yo no sé qué pasaría si en su vida apareciera uno como ellas; tal vez así podrían desplegar sus alas sin miedo a volar acompañadas, sin temor ninguno a perderse de vista y con su mismo mundo libre a cuestas, sin miedo, sin prisa, sin queja, en abundancia y conservando el mismo amor hacia sí mismas que el día en el que le dieron permiso a otro a cruzar el umbral de su puerta.

RECUPERAR A UN EX

¿Puedo recuperar a un ex? Primero pregúntate: «¿Para qué lo quiero de vuelta?». Si lo haces con honestidad y no desde tu ego disfrazado de amor, la respuesta lógica sería que esa persona le daba valor a tu vida; por algo quieres recuperarlo.

Si, por el contrario, te maltrataba física o psicológicamente, mermaba tu autoestima, te era infiel o simplemente no te quería, es bueno que le des una vuelta a tu autoestima antes de armar un plan de reconquista.

Así como ocurre con la caridad, el amor también comienza por casa y, si el resultado del enlace solo eran dolores de cabeza, mi recomendación es que apliques un poco de razón por sobre la emoción de recuperarlo.

Sin embargo, hay relaciones que se desgastan por motivos externos y que nada tiene que ver la falta de amor, sino problemas que impactan en la emocionalidad de las personas, que hace que pasen por ciclos complejos y, por consiguiente, se desatienden a sí mismos y sus parejas.

Estos eventos podrían ser depresión, pérdida de empleo, enfermedad grave de alguno de los integrantes, hijos conflictivos que son de uno de los dos, padres enfermos o incluso narcisistas posesivos que interrumpen las relaciones de sus hijos, y así otros casos que dejan abatida a una de las partes, que da bien poco de sí misma en una relación.

Si una pareja se desgasta por factores externos y, por toda la carga negativa, la relación se rompe por la persona abatida, lo recomendable es darle el tiempo y el espacio en soledad, ese que necesita para aclararse y tomar decisiones. Si tú estás ahí reclamando atención o exigiendo, no tendrá la posibilidad de poner sus cosas en orden.

Debes entender que, para que esté bien contigo, necesita estarlo primero consigo y no puedes hacer otra cosa que respetar esa distancia, aunque te duela, y comenzar a recuperarte a ti misma.

Cada uno vive en forma muy personal sus propios procesos y, cuando alguien dice no, es no. Suplicar, llorar o culparte por los tormentos de otro solo te va a llevar a cometer actos irracionales que lo podrían alejar aún más. Relájate, aléjate y ocúpate de ti.

Si regresa, serás tú quien analice si, aun con lo que sabes, decides acompañar a alguien que tenga cosas no resueltas; si tienes el equilibrio suficiente, podrás colaborar y no acelerar los conflictos con demandas no factibles cuando el otro tiene su mente en otra parte.

Nadie vuelve por pena o compasión y, si lo hace, te lo hará sentir por todo el tiempo que se quede contigo. ¿Qué pasa si el factor externo fue otra mujer y se enamoró de ella? Simple: déjalo que viva su experiencia. No tenemos el poder de entrar en la mente de otro y cambiar sus decisiones. Tendrá que evaluar si cambió pan por charqui, o si incluso esa nueva relación le suma mucho más que la que tenía contigo. Nadie más que él, luego de haber vivido la experiencia, podrá decidir si vale la pena, o no, regresar a ti.

Entonces, ¿qué haces mientras? ¡Vive tu vida! No te quedes esperando la remota posibilidad de que te llame o te escriba. No fuerces momentos que no quiere vivir contigo: ya eligió, y la elegida no fuiste tú. ¿Qué otra prueba necesitas para que salgas de tu trance y vuelvas a la vida nuevamente?

Y, si regresa, que te vea bien, linda, empoderada, estable, resuelta y con proyectos propios, que sepa que tu tiempo sin él contribuyó en tu desarrollo. La idea es que no se encuentre con la misma a la que abandonó; pero eso debes hacerlo por ti, y no por él.

Yo sé que es difícil controlar las ansias de que regrese, pero debo decirte que rogarle, decirle que vas a cambiar, ofrecerte como amiga sexual, deprimirte, abatirte y que lo sepa, aparecerte por lugares comunes y, en general, todo aquello que sea INSISTIR, es la peor de las estrategias que se le puede ocurrir a alguien para recuperar el amor de otro.

El deseo, el compromiso y la amistad se dan cuando hay ADMIRACIÓN, y no COMPASIÓN.

Conviértete mejor en alguien tan irresistible que, para cuando aparezca, seas tú la que tengas que pensar si te conviene dejarlo entrar o no.

YA NO TE QUIERO

Tengo que confesar que no fue fácil para mí asumir que había dejado de quererte. Creía que, debajo de nuestros diez años de haber estado caminando juntos, todavía quedaba algo de lo que un día nos había unido y que solo estaba oculto tras el tiempo, tras los recuerdos y el tedio de levantarnos tantas mañanas juntos sin otra sorpresa más que un día nuevo tarjado en el calendario.

Siempre pensé que la nuestra era una familia feliz. Que teníamos todo tan resuelto que pasé por alto el hecho de que solo la cáscara se veía así de fresca, que nuestra pulpa se estaba pudriendo mientras hacíamos esfuerzos por mostrarle al resto lo bien que lucía la cubierta. Pero dormíamos y, aunque juntos, ya ni por coincidencia nuestras manos se encontraban bajo el frío de aquellas sábanas de seda. Juntos, pero tan lejos que ni siquiera recuerdo el último beso que te di; solo sé que fui valiente por haberte dejado, aun con todo en contra, por mi decisión de ser feliz y por el deseo de que tú también pudieras serlo. Me asalta todavía la duda de haber hecho lo correcto. Abandonar a un maltratador, a un egoísta o a alguien que no ama de vuelta es menos difícil que salir corriendo de todo lo que a eso es opuesto.

Qué contradictorio saber que a mi vida jamás va a llegar otro como tú y seguir lamentando cómo pude no haberte amado pese a ello. Será el interrogante que me queda para encontrarle aprendizaje a esto de que, en el amor, la razón no puede jugar jamás un papel a voluntad propia.

MIEDO AL AMOR

Terminaste; lo dejaste, o te dejó. Transitaste por cada una de las etapas del duelo; avanzaste, retrocediste, evolucionaste, creciste. Te levantaste y, a pesar de lo improbable que creías que era la llegada de la calma, hoy te sientes serena, en paz, y casi adaptada a tu nueva realidad.

De pronto te haces consciente de que algo no anda bien. Estás permanentemente alerta; se activa en ti el mecanismo de defensa que tiene el cuerpo para hacer frente a situaciones de peligro. Esto implica rigidez física, aceleración del flujo del torrente sanguíneo. Los músculos se rigidizan; el tracto digestivo se paraliza; los sentidos se ponen en alerta porque comienzas a liberar adrenalina, noradrenalina y cortisol (hormona del estrés). Todo lo anterior es la secuencia de un proceso biológico natural del organismo que prepara el cuerpo en situaciones límites. Es algo así como el instinto de supervivencia.

Quise describir lo anterior porque, tras una ruptura (o bien una situación en donde queda expuesta tu emocionalidad), debes enfrentar un proceso intermedio entre la reorganización y el bienestar, que es aprender a fluir nuevamente sin sentir miedo. Es inevitable que queden algunas secuelas (como, por ejemplo, pensar que las personas que aparecen en tu vida lo hacen con una doble intención, o que las palabras, los actos de amor y de cercanía no son más que un plan que pretende conseguir dejar expuesta nuevamente tu vulnerabilidad).

Entonces, te cierras como un molusco, con el fin de que no vuelvan a hacerte daño.

Huyes si tan solo comienzas a doblegarte; te pones a la defensiva sin razón. Prefieres ver al otro como tu oponente: no vaya a ser que te pille desprevenida y saque su arma, y no puedas defenderte otra vez. Y no fluyes… porque estás alerta ante el más mínimo movimiento que te genere duda. No miras con profundidad, sino que solo haces una representación externa de cómo está tu mundo interior. No vives: solo sobrevives. Y, de ser un alma en pena, pasas al extremo de transformarte casi en una máquina con cuerpo de mujer, que se está perdiendo de dar rienda suelta a la pasión que llevas puesta pero oculta, sin sensibilidad de los detalles, de la cotidianidad. Porque ahora solo tienes un plan: no volver a sufrir otra vez.

Esta etapa es igual de dura que las anteriores, porque el miedo es el opuesto al amor, porque no te deja avanzar, sino que te paraliza, te hace perder la capacidad de disfrutar cosas simples, de confiar en el mundo y su grandeza. Te va generando falsas creencias con respecto a las cosas que ocurren; te hace perder la autenticidad.

Tu mente genera pensamientos, que a su vez se transforman en sentimientos que dan origen a emociones que pueden afectar tu calidad de vida en el ámbito tanto físico como emocional.

Muchas veces creemos que los problemas y las dificultades están afuera, que no somos capaces de resolver las distintas circunstancias que se van presentando, porque los recursos para hacerlo no están en nuestro ámbito de acción. La representación interna que hacemos de las personas y los hechos en general no son necesariamente una realidad absoluta.

Hay que aprender a confiar, a creer en el universo (Dios, energía, o dale el nombre que te haga sentido). Todo lo que te pasa, por más que te cueste creerlo o bien en el momento no puedas verlo, llega con el fin de que te muevas en una dirección distinta, para que crezcas y aprendas a transmutar el dolor por algo que contribuya a tu desarrollo.

Cuando te cierras y andas con la armadura puesta, comienzas un camino en el que estás llena de juicios de situaciones y de personas. No analizas el contexto y la perspectiva en su completitud; es entonces cuando, por protegerte, pierdes. No dejes que se active el mecanismo de defensa si no hay un tigre corriendo detrás de ti; es mucha la energía que se destina para esa actividad, y lo más probable es que la estés desperdiciando. Piensa en ello toda vez que aparezca alguien en tu vida y sientas que se puede quedar. Sácate la armadura, ya que, para abrazar, pesa.

13

NUNCA LE DIJE QUE ESTABA ABURRIDA

A mí me hubiera gustado haberle dicho a mi pareja que estaba aburrida, que necesitaba algunos cambios en la relación y, sobre todo, en la forma en como nos estábamos relacionando. Pero me quedé callada. Explotaba en puntos que nada tenían que ver con mi real sentir. Durante mucho tiempo reemplacé hacer el amor por mirar el techo de mi pieza mientras el otro se saciaba, pero nunca abrí la boca pidiendo lo que yo quería, o lo que no quería. Tal vez asumía que él tenía que saberlo y, como nada hacía, el sexo para mí era un trámite. Al final, ni besos nos dábamos.

Sumado a ello (y a pesar de que ese hombre había sido un día mi orgullo y mi admiración), tan lejanos me resultaron los motivos que me enamoraron que sentí muchas veces que estaba con un hombre diferente, que me lo habían cambiado.

¿En qué momento uno se abandona tanto que ya no le importa gustarle al otro?

¿Creeremos que, por defecto, estamos condicionados a sentirnos atraídos o atraer, aun si nos descuidamos física, intelectual y emocionalmente? Yo le debí haber dicho que estaba aburrida. Aburrida de tomar el té todos los domingos con su familia, de no salir a ninguna parte, de que se preocupara del patio y yo, del interior de la casa. Debí haberle dicho que también necesitaba hacer el jardín para que le tocara limpiar los baños, que estaba aburrida de lavar la loza, que era justo compartir tareas si los dos trabajábamos. Pero me quedé callada, y seguimos caminando como si las cosas estuvieran perfectas. Y es una pena porque, en el fondo, nada entre nosotros funcionaba y, a pesar de que pudo haber sido un amor de los grandes, en vez de hablar, no solo callé, sino que me arrojé a los brazos de otro para compensar tanta falta de todo. Hoy él me falta, y arrastro la culpa de no haberle dicho a tiempo lo aburrida que estaba.

QUIERO QUE NOS DEMOS UN TIEMPO

¿Quieres un tiempo? ¡Pues toma! Te lo doy todo: el día y sus veinticuatro horas, con sus mañanas, sus tardes, noches y amaneceres. Te regalo los segundos, los minutos y las horas y, si no te es suficiente, tómate semanas, meses, años y décadas. Con mi poesía y en un canto armonioso de palabras, te cedo el tiempo que necesitas. ¿Que si no me importa? Pues claro que sí: por eso llévatelo completo. Es un regalo para mi vida que salgas de ella si no quieres estar.

¿Qué pasará después? Luego nada: seguiré caminando con la frente hacia el cielo. Aquí yo gano; te pierdo, pero quedo sin las cadenas de tu indecisión, sin la espera del milagro de que tu mente confundida me elija. Vete luego y, si quieres, yo misma te llevo hacia el punto de donde partimos. ¿Y sabes una cosa?

No es orgullo, no es soberbia: es amor, no a ti, claro, sino que a mí. Y eso vale más que todo el tiempo que necesitas para que te vengan las ganas de quererme otra vez.

Reflexión

¿Por qué nos costará tanto darnos valor? Si alguien no nos quiere en su vida, o incluso si no lo sabe, no queda otra que salir corriendo. Pensar que a veces suplicamos para quedarnos, nos humillamos e incluso pedimos perdón por aquello que no hicimos solo con el fin de no perder... Pero, si ya con el desamor del otro nos abandonamos... esa sí que es pérdida. Llegó la hora de ponerle un punto final a la súplica por la permanencia de alguien que nos está diciendo: «No».

I5

UN AÑO DESPUÉS DE TI

Confieso que solo a uno he querido y en los brazos de otros me he consolado, buscando en cada roce, su huella, en cada beso, su boca; en cada pelea, la llama de su fuego. Y, como si fuese poco aquello, todo me lo he fingido: las risas, las recriminaciones, las promesas y los orgasmos. Camino pronunciando nombres y en mi mente dibujando siempre el tuyo.

Confieso que te amo, y también confieso que te odio y que, en otros, un poco de lo mismo he ido proyectando. Furibunda por aquello que no me gusta, derramo vendavales de ira en otro, solo porque no puedo vaciarte en la cara la rabia que te tengo, de frente y gritando que me haces falta. Confieso que, sin ti, me puse arisca como un gato, dura como la piedra, mala como una bruja y sola como ermitaña de monte.

Nada sin ti volvió a tomar sentido, pero contigo tampoco sentido tenía. Era un amor ambivalente; parecía un sueño, siendo una pesadilla. Hoy, que no te tengo, sigo como el hielo, como el fuego, la melancolía, y todo eso bien junto en un solo cuerpo. Con una herida abierta de vida, perdida sin norte y desolada en un amor muerto.

101

A VECES TE RECUERDO

A veces te extraño. A casi veinte meses desde que nos dejamos de ver, sigo mirando hacia la dirección de tu casa los viernes por la tarde cuando salgo del trabajo. Ya no equivoco el rumbo: solo me detengo algunas veces con el interrogante: «¿Qué será de ti?».

De cuando en cuando (cada vez con más distancia, debo decirlo), me acuerdo de las tardes de música, vino y quesos en tu terraza. Debo confesarte que, bailando embriagada, tu cara he visto como fantasma entre la gente y luego, difusa, se me pierde por ahí, en los efectos de humo de una noche loca en la pista.

Si supieras que besos más largos que treinta segundos no he vuelto a dar y, aun cuando en un par de cuerpos me he perdido, todavía no sé lo que es dormir con la cabeza de otro sobre el centro de mi torso: ese lugar era tuyo. Aún no dejo libre la butaca, y ya no sé si quiero hacerlo tampoco.

Hoy, con la claridad que da el paso del tiempo y sin culpas a cuestas, entiendo que yo sí era feliz contigo y solo no lo sabía, o era tan infeliz conmigo que esperaba que fueses tú quien pudiera llenar esos vacíos.

No sé cómo satisfacerte; «Nada te gusta», me decías resignado. Ahora entiendo la fuerza de esas palabras que hoy me hacen eco, solo que veinte meses luego de haberlas oído.

Algunas veces quisiera haber sido la de hoy, pero en ese entonces contigo. Y luego entiendo que hay personas que llegan y se van de nuestra vida justo con ese propósito.

Lo bueno de todo es que, de tanto haber padecido que, según yo, nunca me quisiste, hoy veo con claridad que sí lo hiciste, y mucho, solo que a tu manera. ¿Sabes?, nunca nadie volvió a mirarme como lo hacías tú. Y creo que jamás volví a querer a otro con esa fuerza volcánica que me caracteriza.

«Mujer intensa», me decías resignado. Intenso tú, y el tiempo que nos regaló la vida incluso, con todo lo que me costó vivirla luego de esa fría noche de junio. Aún quedan escombros del movimiento, solo que ya ni se ven, pero se sienten como piedrecillas en los ojos tras un viento de arena. De esos que te nublan, pero igual pasan. Lo nuestro fue una linda estrella fugaz que se apagó, pero que nos dejó, a cada uno, una luz diferente.

17

CUANDO TE EQUIVOCAS DE NUEVO

Cuando sufres por amor (pero ese amor bien sufrido, con harto drama), hay mucha pelea, desencuentros y apasionadas reconciliaciones. Ese amor o desamor que te paraliza te convierte en trapero viejo de casa antigua, en un ánima viva de la que mirarla da susto, en una protagonista latente de una otrora teleserie venezolana de los noventa, en una loca de patio que no solo perdió la razón, sino también a sí misma.

Cuando ya se hizo invisible ese cuerpo del que dependías y dejas de tener el aire necesario para respirar, no solo te ahogas por esa falta de oxígeno, sino que te atragantas con tu propio llanto. Yo no sé cómo, desde los ojos, las lágrimas pueden transitar hasta la boca misma.

Cuando la tontera te cubre el lóbulo frontal (esa parte del cerebro que tiene las funciones cognitivas) y te pones a pensar que ya no habrá motivo en la vida para seguir viviendo, esa fundición de circuitos cerebrales se hace tan presente que hasta la puedes ver humear si te miras en el espejo con detenimiento.

Cuando te tienes que recoger del suelo por lo anteriormente relatado y, ya viéndote reparada, tienes la certeza de que jamás volverás a tener un daño cerebral tal, entonces aparece alguien, que te hace creer que la magia de ser dos realmente existe, que puedes retomar tu vida con optimismo desde el punto del trancazo anterior. Te pones valiente y abrazas la ilusión, con el fin de que este sí sea verdadero. Pero de pronto no lo es. Se convierte en aire y, por un segundo, debes decidir si volver a ser el lastre que fuiste por la primera experiencia, o te levantas, te secas las lágrimas sin críticas por lo que hiciste o por lo que dejaste de hacer.

Debes decidir si sentir compasión por ti o por ese ser que no supo ver la magia de tu interior, la fortaleza y resiliencia de cada poro de tu piel, lo inteligente, asertiva y bella que eres, y todas las posibilidades que hay en tu vida de conocer a alguien infinitamente mejor que él.

Menos mal que yo aprendí que una decepción no tiene cabida en mi vida más que dieciséis horas, lo que ya es mucho. Pretendo acortar esta duración para eventuales caídas; ojalá pueda llevar a cero el tiempo que destino a alguien que no tenía el ancho para ser parte de mi vida.

18

EH, TÚ, DOLIENTE DE AMOR, A TI TE HABLO

Sí, tú que estás en duelo amoroso. Pegada en el pasado, rezando casi para que te llame, tal vez persiguiéndolo aun cuando te rechaza de frente...

A ti, que ya no juegas con tus hijos porque tienes tanta tristeza de su ausencia que ni la presencia de esos seres que trajiste al mundo te llenan.

A ti, que te pusiste gorda buscando las endorfinas en helados o que a conciencia te hiciste tan flaca que casi te ves enferma... Todo eso porque no tenerlo te quitó hasta la necesidad de alimentarte y solo te castigas no atendiéndote, como si fuera la reprimenda que mereces por no retenerlo.

A ti, que ya ni trabajar puedes, que ni levantarte quieres, solo porque un hombre tomó la decisión de no ser parte de tu vida.

A ti, que por eso ahora pisoteas la tuya.

A ti te dedico estas letras con amor, pero léase e interprétese como un enérgico BASTA.

Deja de desperdiciar la pertenencia más valiosa de tu existencia, TU PRESENTE, por ponerlo en riesgo añorando un pasado que no existe.

Deja de ignorar a quienes te aman: tu familia, tus amigos, tus colegas, solo porque te encaprichaste pensando que te sirve el amor de uno en el mundo.

Deja de darle tanto poder a ese que NO TE AMA y, perdóname la rudeza, si lo hiciera ahora, no estarías llorando y añorando su ausencia.

Deja de dañarte con recuerdos adornados, con falsas expectativas de tu mente delirante, con un deseo obsesivo de que regrese porque prefieres sufrir con él a estar tranquila, sin tenerlo.

Tómate un shot de realidad y raciocinio y, por única vez, te pido que te seas honesta y reconozcas que la vida no dejó de tener sentido solo porque a uno de miles de personajes se le ocurrió que tú ya no eras parte de su *play list*.

Dignidad, amor, realidad, razón. Que no te falten los ingredientes que necesitas para recomponer esas piernas quebradas por tanta caída. Ya es tiempo de descansarlas, abrir tus alas y volar tan lejos como el universo te lo permita.

Es tiempo de que entiendas que sufrir o ser feliz es una responsabilidad tuya. Nada más que de ti depende cambiar el curso del paisaje desolado que hoy viste de invierno tu día, aun estando en pleno verano.

19

EL DÍA QUE SUPE QUE NACIÓ TU HIJO

Me enteré por casualidad. Hacía calor; era un sábado de noviembre y yo, como siempre en blanco pensando en nada, tal como esa nada que quedó armada como tal desde que dejamos de estar juntos ese 29 de junio de 2018. No ha pasado mucho tiempo. Son 16 meses apenas en la batalla por olvidarte.

Lo bueno del olvido es que tiene varias etapas y, como soy aplicada, ya voy en esa en donde ya nada duele. Porque me hice inmune al dolor, como también me pasa frente al amor. Como todo es dual, entre tanto defenderme de su recuerdo, hoy estoy tan fría que ni el mismo calor veraniego me puede hacer sudar.

Pero yo estaba contando qué me había pasado. Mientras daba una hojeada al pasado y aun en contra de todo el tiempo que había peleado para no hacerlo, de pronto lo encontré en las redes sociales. Pensé en un momento en desistir de la osadía pero, como me creí fuerte, la curiosidad le ganó a la razón.

Fue entonces cuando, en un clic, lo vi con su nuevo hijo en brazos y agradeciendo al universo por tan bello regalo. Se me paralizó el corazón un instante contando con mis dedos. Comencé a sacar la cuenta de los meses transcurridos. El invierno del año pasado me pedía una vida juntos y hoy yace con un hijo nacido. ¡Rápido hombre de sentimientos me saliste! No puedo reconocer que por un microsegundo se me quitó el aire pero, como la vida es sabia, volví a la calma y, en silencio, pedí que tu hijo tuviera una vida feliz.

Luego yo me quedé absorta pensando cuántos meses había perdido el tiempo esperando que las cosas cambiaran mientras, sin yo saberlo, ibas armando tu propia vida y formando una nueva mientras yo me suicidaba lentamente.

No me quedó otra que pedirme perdón por el gran daño a mi persona causado solo por no haber cortado las cadenas con un hombre que nunca fue mío. Porque las personas no son cosas, no son de nadie, nada es para siempre, y la vida y todo en esta es temporal.

Debí haber entendido eso, debí haber reído más y haber llorado menos. Debí haber concretado esas citas rechazadas, haber dado esos besos aguantados, y te hubiera perdonado esa misma noche que nos despedimos y no hubiera parado mi vida al día siguiente. La lección ya está aprendida y aún puedo compensar tanto autosabotaje.

EXTRAÑAR A UN MUERTO SIN CUERPO

Igual te voy a extrañar. Aunque nunca te lo diré. No tendrás forma de enterarte y, solo en mi distancia completa, darás por hecho que te olvidé. Yo, mientras tanto, busco llenar mis horas para que no se queden ocupadas por ti. Eres como una caja vieja atravesada en el camino; voy a patearla un rato para ver si me hace espacio, y así sigo caminando.

Imagino que, mientras te dedico estas líneas, hoy otra ya ocupa mi lado izquierdo de la cama. Ese que dejé calentito, que aún huele a mi perfume Carolina Herrera 212, que tú mismo me regalaste y que por ello no dejabas de oler. Rabia da que tu muerto aún no se enfría, y tú ya tienes acostada a su reemplazo. Qué pena yo leerme. Parezco una loca amargada, herida y enojada. Tengo un poco de cada cosa.

Me hace falta el café de la tarde contigo; siento odio y nostalgia por eso al mismo tiempo. ¿Sabes qué más? Te devuelvo a tu lugar lleno de cadenas y llaves. Ese que no sé por qué a veces abro con el fin de recordarte, de atormentarme para luego alimentarme con un pasado que únicamente deja escombros en mi presente. Está bien, me perdono por ello y vuelvo a ponerte de donde te saqué, mi mal amor despiadado y traicionero. No vale la pena recordar un par de momentos felices por otros meses llenos de desasosiego. No equilibra el extrañarte con el dolor que me dejaste cuando te vestiste de mentira y te fuiste sin palabras. Dejaste mi alma, mi vida y mi yo completamente hecho pedazos.

TENGO UN AMOR IMPOSIBLE

De esos que están muy lejos pero que, cuando conectan, parece que no existieran las distancias. Tengo un amor que se representa perfecto en la leyenda del hilo rojo, tal y como si existiera un algo que nos une a cada uno en un extremo y, aun cuando pase el tiempo y sin contacto, por alguna de esas misteriosas razones, siempre regreso a él.

Tengo un amor que un día conocí, al que amé por primera vez con solo mirarlo, aquel que, al montar ese avión para regresar a casa, se llevó un poquito de mí con él. Esa parte de mí jamás regresó. Tengo un amor loco, surrealista; no sé siquiera si es correspondido, pero lo atesoro como un rayito de luz en mi vida y en mis recuerdos.

Tengo un amor de almas viejas que, juntas por primera vez, parecían arrastrar ese mismo amor reencarnado de vidas anteriores. Tengo un amor que tal vez nunca sea mío en esta vida, o tal vez sí… quién sabe las vueltas del destino.

Ese amor me hace creer que, si no es él, tal vez pueda llegar un sustituto a mi vida porque, en sus brazos y en el centro de sus besos, seguirá conservando siempre el trono principal.

TE ACORDARÁS DE MÍ

¿Te acordarás de mí, de esos sábados regaloneados en cama hasta las tres de la tarde, con los pedazos de la pizza del día anterior (esos que quedan con el queso medio duro) pero que, al comerlos contigo, tomaban sabor a caviar?

¿Te acordarás de los malos programas que veíamos en la televisión abierta? Siempre te negaste a tener tele por cable, menos Netflix. Nos tocaba disfrutar hasta de los comerciales.

¿Te acordarás de mis besos en tu brazo?, ¿de las uñas rojas de mis pies que te rasguñaban las piernas?

¿Te acordarás de cuando me decías: «Ya levantémonos, hagamos algo productivo», y yo te respondía: «Noooo, amooor, por favor, cinco minutitos más»?

Y entonces tu respuesta era volver a acostarte, y los cinco minutos de mi súplica se convertían en una hora. ¿Te acordarás? ¿Te acordarás de que alguna vez fuimos felices?, ¿de que te hice feliz? Yo sí te recuerdo. Creo que no hay día que transcurra sin un poquito de ti clavado en mis momentos.

¿Te acordarás de que me decías «Te amo para siempre»? ¿Sabrás hoy que el «para siempre» era una mentira, igual que pensar que por mí tú sufrirías y por ello algún día regresarías? ¿Te acordarás de mí, amor? ¿Te acordarás?

DESPERTARME CON TU CARA DE FRENTE

No te voy a mentir. Llevo varios días haciéndome la fuerte, pero la abstinencia de tus besos y de tu cuerpo me está haciendo convulsionar. Pensé que sería más fácil olvidarte. Mal entendía que poco tiempo con alguien equivale a un duelo corto; sin embargo, me está costando más de lo normal. No voy a llamarte; no voy a intentar rescatarnos de ese lugar en que nos quedamos cuando nos dijimos adiós.

No tengo nada que ir a buscar ahí. Los momentos ricos entre ambos solo se dieron sin la intención de conocernos; una vez que nos tocó integrar sombras, salimos del otro, corriendo. ¿Qué voy a ir a buscar? Ni la excusa de buscar mis cosas me motiva a pasar por tu casa para ver la comodidad de tu actuar en desechar a las personas cuando algo no te parece.

No quisiera quedarme con el recuerdo de tu mirada fría y tu políticamente correcto deseo de que yo tenga *una linda vida*. Sin embargo, eres para mí tan fuego y tan hielo que desperté ansiosa por verte y, después de unos instantes, ahora solo de mi mente quisiera arrancarte.

Mi dualidad es la ambivalencia de haberte amado y odiado tanto en un par de días; es solo ego, pena e ira. Lo bueno es que, para esos tóxicos, ya tengo la cura: no estar contigo.

Reflexión

Sigues en mi cuerpo, un poco en mi corazón, pero mi mente siempre será más fuerte que mi delirio y mi dependencia.

24

COMETÍ UN ERROR

Lo hice mal. Dije e hice cosas que no debía; tal vez las sentí y no las pensé o solo fueron palabras sin contenido que se me escaparon de la boca. No sé bien por qué... Tal vez sentí miedo, quizás pavor a quedarme pegada en esos brazos ricos, en esas noches cargadas para mí de poesía, esa que no te gusta, como lo que escribo, como lo que soy. ¿Y qué soy contigo?, no lo sé. Solo una mujer a la que se le olvidan los puntos y comas, a la que se le pierden los acentos. Aquella que no tiene técnica para quererte, para estar contigo y para que sientas que, aunque no sé cómo quererte, te quiero y quererte quiero, porque en tu cuerpo me siento libre y, en tus manos, moldeable; en tus silencios, predecible y, en tus críticas, indomable.

No sé qué palabras usar para decirte que lo siento si yo no soy esa que viste. Si supieras que es tan solo mi sombra, mi lado temeroso, mi niña herida y suplicante de que la quieras, la abraces y sientas que ella no sabe cómo decirte que te quiere... Necesita que la escuches y que le digas que contigo se equivoca, pero esta vez está con ganas de hacer las cosas bien.

¿Cómo decirlo, expresarlo y vivirlo? Se me agotan las palabras; son cortos los silencios, largas las noches y fallidos los intentos. No deseo borrarte y, si lo hiciera, ¿de qué serviría? De mi cuerpo ya eres parte, como lo eres de mi vida. Yo quiero leer contigo y comerte como me comería tus libros toda vez que de mí te canses... Quiero seguir durmiendo con tu perro, con tu gato y, contigo entre mis piernas, disfrutar un café, de esos que mueles a mano cuando sale el sol y, de fondo, Alanis Morriset entre nuestro deseo insaciable con tus ganas locas de poseerme y, al mismo tiempo, olvidarme. No me pidas que lo haga contigo si un pedacito de tu boca se quedó en la mía y esas manos delirantes que con falso amor me recorrían hoy me queman como el mismo hielo de esas palabras que pronunciaste cuando dijiste: «Contigo ya no puedo».

No me pidas un punto final si todos los puntos contigo quiero y, si en el intento me equivoco, solo escucha esto, mi amor: lo siento.

ME RESISTO

No a quererte (eso no sé cómo hacerlo). Me resisto a que mis días estén inundados de tu presencia fantasmal, a mirar horas mi celular por si tus dedos casualmente rozan el «escribiendo», aunque no lo envíes. Me resisto a sentir nostalgia un viernes porque ya no podré verte; me resisto a no entender que es el término de mi semana y merezco reír, salir y, ¿por qué no?, también bailar. Me resisto a confinarme en los oscuros espacios de mi alma para ir en estos a buscarte y preguntarte los porqués. Me resisto a entregarte mi yo si no lo quieres, pero más me resisto a buscarte y colgarme de tu cuello para no ahogarme en lágrimas.

Me resisto a no mirarme al espejo y repetirme: «Bella, buena, sensible, justa». Me resisto porque no quiero quedarme con el «loca», «intensa» o «insuficiente», que me quedaron en los oídos la última vez que te vi.

Me resisto a padecerte, a extrañarte o, simplemente, a sentirme incompleta. Solo fuiste y nada fuiste, y por eso me resisto a que seas el causante de mi infelicidad.

ODA AL EX BUENO

Echo de menos a mi ex. No al malvado, no ese que se quedó con la otra e incluso formó familia para luego llamarme mientras su niña estaba en cuarentena. No, a ese no lo extraño, y no hay día que no cante el aleluya porque salió de mi vida.

Extraño al ex bueno. Ese con el que duré más años que estudiar medicina con especialidad. El típico chico que la familia quiere, que los amigos bendicen, ese en quien tu padre confía a ojos cerrados, y tu madre incluso lo favorece a pesar de ti, cuando tienen una discusión de pareja.

Mi mamá siempre me decía: «Apostaría que tú lo provocaste; ese hombre es un santo y tú, tan jodida». Y tenía razón, porque pucha que fui cabrona con él. La verdad es que los buenos siempre se llevan la peor parte.

Ese es el único ex que me vio desnuda completita, porque a los otros les he mostrado el puro cuerpo y ni tanto porque siempre me vieron olorosita, depilada, maquillada y con cara de nueva en cada cita.

Pero este no. Recorrió cada centímetro de mi piel, de mis recuerdos, pegándose tormentosos paseos en mis días de furia, recogiéndome del piso toda vez que no tuve fuerzas y haciéndome reír a carcajadas en momentos en los que había que guardar silencio. Yo creo que eso extraño de mi ex.

Más que a él, que era maravilloso, extraño cómo era yo cuándo estaba a su lado.

Sabía que, me pasara lo que me pasara, siempre estaría ahí, aun cuando tuviera que recorrer mil kilómetros. Por mí lo haría; de hecho, lo hizo y más de una vez.

Fue un agrado tantos años no estar pendiente de mi cáscara; esa a él nunca le importó.

A su lado viví el amor verdadero, parecido al que se pone a prueba en una enfermedad grave, en una situación financiera caótica, en una muerte. Tamaña burrada del destino y de la vida haberme puesto un santo para haber escogido uno y mil demonios. Lo cierto es que jamás me alcanzará el tiempo para comprender por qué, a pesar de toda su grandeza, dejé de quererlo.

27

INICIANDO LA RETIRADA

Lo has pasado mal, cierto. Y ahora, que estás cara a cara con tus demonios, te toca tomar una decisión importante: si te los extirpas de una vez o si les das permiso para quedarse.

Ya sabes que el desamor, la indiferencia, la culpa la ira y la pena permanecerán mientras sigas dándole crédito a esa relación que no te suma, sino que te resta. Consciente ya de ello, también sabes que tu amor no va a cambiarlo. Por más que quieras inventarte otra historia, el único final feliz tras una relación con alguien que no se compromete se obtiene cuando escribes un nuevo cuento, y de paso le pones un gran punto final a la historia tediosa que te lees de a ratos. Tanto es así que ni sombra de capítulos nuevos. Se parece a eso que siempre es más de lo mismo y, sumado a ello, te hiere a fuego lento.

Si me preguntas qué hacer después de este choque con la realidad, yo te diría que la huida debe ser estrepitosa. ¿Y si le digo que me voy y el motivo por el que voy a hacerlo?

Te preguntarás en este momento y te respondo que, si lo haces, será una renuncia con elástico, esperando que el otro te haga una mejor oferta. Pero, como esto no es mercado laboral, esto no sucederá y entrarás de nuevo al círculo nefasto. La mejor forma de huir tal vez sea silenciosa: dejar de responder, de contestar o hacerlo fría y muy a lo lejos siempre indicando que estás ocupada, que tienes proyectos. Como es una persona no disponible emocionalmente, ese formato no le va a acomodar y terminará por retirarse sin dudar. Te la hará fácil: no te compliques.

Si no te sientes con la fuerza de persistir en el intento, termina de frente y directo sin más contacto que el recuerdo, incluso ese limitado. Y cúmplete. Si te prometiste ser libre, no te traiciones, y continúa en el camino de la distancia, sanando de ti esa parte que te hace recoger migajas, sentirte carente y pensar que un amor a medias es algo que simplemente mereces.

Nada más lejos de la realidad tu baja autovalía; ya es hora de que aprendas a caminar, pero que esta vez lo hagas con tus propias piernas. Con la razón que hoy te da la consciencia de liberarte de las cadenas que tú misma te pusiste. Pero, como ahora tienes la llave, ya estás a un paso de salirte. Así que confía en que lo mejor está frente a tu puerta. Lo que pasa es que está cerrada y, por eso, no entra.

28

YA NO LO AMO

Es un buen hombre. Siempre ha sido trabajador y un excelente padre. Aunque eso de *excelente* es medio cliché porque se confunde *ser* con *proveer*. Por eso tengo mis dudas de qué tan bueno sea. Pero igual ha estado ahí con nosotros, remando un buque que a veces casi se hunde, pero sobrevive, ya que yo siempre le estoy poniendo salvavidas. Cuando les cuento a mis amigas o familia que estoy aburrida, me retan mucho. Me dicen que soy mal agradecida, que los hombres son malos, que el mío me quiere, es trabajador y siempre está dispuesto para los demás. Yo no pongo eso en duda, pero me tiene medio muerta en vida. Se dejó estar con su persona: él lo sabe, pero nada hace. A veces me pasa que ya no me dan ganas ni de darle besos; hace diez años que no va al dentista, y yo de boca siempre he sido muy higiénica. Me siento frívola a veces, pero ya dejó de oler rico; trato de mirarlo y amar su ser interno, pero la intención no es suficiente. Mi marido no me gusta y siento que me debo resignar a quedarme sin endorfinas para siempre. A veces tengo susto. Rezo al cielo para que no me caigan tentaciones. Yo no soy una mala persona, pero estoy aburrida de solo ser madre, hija y empleada. No me haría mal sentirme mujer un par de horas. Tú que me lees te preguntarás si le he dicho lo que siento. Me da vergüenza, incomodidad, pena y dolor el que sepa literalmente que no quiero ni que me toque. Yo creo que lo intuye; se hace el sordo. No sé si no le importa o le da pereza hacerse cargo. Tal vez cree que una relación se mantiene en el tiempo solo porque sí, o en su interior nada malo se observe y por eso no se motiva para despertarme.

Creo que a él no le molesta que yo finja tres minutos para que pueda saciarse; al final, lo que de verdad creo es que ni yo le gusto tanto, y solo en piloto automático seguimos navegando el barco. En algún momento alguien va a bajarse. Estoy a unas millas de atracar en el primer puerto que vea y no volver a subir jamás.

29

TRATANDO DE SACARME UN CLAVO CON OTRO (TINDER)

Al clavo uno lo conocí a través de una app de amor *on line*. Cuando una está fuera de las pistas, o conoce a alguien en un bar a eso de las dos de la mañana, o lo hace por intermedio de la amiga buena onda que, a toda costa, te quiere conseguir una cita.

Como una anda deprimida, ni ganas tiene de ir por la vida conociendo hombres nuevos. Yo, con suerte, me levantaba para llegar a la oficina y viceversa; que museo, que gimnasio… Ni ganas ni tiempo tenía más que de lamentarme por la ausencia del fantasma.

Una vez transcurridos algunos meses vacíos y yo ya medio neutra ante tanto sufrimiento, tomé la decisión de darme una oportunidad con otro, pero solo para ver qué salía de aquello. Tomé valentía para sacarme un par de fotos sugerentes y dejarlas así en el catálogo del sitio de citas, ese del que mis amigas cercanas eran verdaderas maestras. Y no de enseñanza precisamente, sino de cacería y de algo de engaño al mostrarse con formas que muchas de ellas no tenían.

Pero la competencia es agresiva y, como nosotras, hay muchas en busca de su presa, de un amor, de una distracción, o como yo, simplemente, de un clavo que pudiera sacar al otro. Había que destacarse entre la masa para recibir un «Hola», y algo más que eso para conseguir una cita.

A mí me daba pereza pelear esa batalla, pero nada perdía y ya estaba cansada de alimentarme siempre con los recuerdos de un muerto que vivía. Por lo tanto, con la poca energía que a esa altura me quedaba, me hice la linda, la simpática, la sexy. Resuelta, sin pasado y con algo de suspicacia, me dirigí hasta la que sería mi primera cita después del ex.

Nos conocimos en el Costanera Center, un mall capitalino en la comuna de Providencia, a diez minutos de mi trabajo, un triste y frío miércoles de invierno.

Quedamos en juntarnos frente a Zara (Hombres). Nos reconoceríamos por la foto y, luego de eso, ahí veríamos qué hacer.

Acordamos antes que, si uno se decepcionaba del otro, podía dar la media vuelta sin decir hola, libre de arrancar del producto desechable recientemente conocido. Así se hace en este medio cuando alguien no te parece apuesto, así que yo estaba dispuesta a salir corriendo sin importar las circunstancias.

Tengo que contar que lo reconocí al segundo. Vestía un traje de caballero, un abrigo largo y oscuro, y cargaba una mochila que se ladeaba hacia el lado izquierdo de su hombro. Yo divisaba aquella barba magnética sobre su rostro perfecto, y el conjunto de su cara y cuerpo prometía el milagro de hacerme olvidar al otro. Se llamaba *Daniel*.

Era uruguayo. No sé qué me pasa con ese acento y con el argentino; ya con el «Hola, nena», caigo rapidito. Pero estaba de duelo: sabía que haría falta algo más que eso. Él me miró con cara de aprobación y, luego de aquel flechazo inicial, nos fuimos caminando hacia un boliche cercano.

Pedimos unos tragos y pizzas, algo simple, sin glamour, pero yo no dejaba de mirarlo embobada por tanto atractivo que tenía. A él le pasaba lo mismo conmigo; que mágica coincidencia hubiera sido si mi alma no se hubiera quedado en el asiento delantero de la Kia Sorento ese día en que el innombrable me había dicho adiós.

Luego de dos horas de conversación y del pago de la cuenta, nos dirigimos hacia el metro (subte) y luego nuestros caminos se bifurcarían, ya que él viajaba temprano a Uruguay por negocios. Iba y venía de un país a otro pero, luego de ese día, hasta un par de meses más tarde, no lo volvería a ver.

Como yo estaba cansada de lágrimas, de olvido, de desamor y de abstinencia sexual, ya un poco vulnerable por la noche, los tragos y el adonis aparecido, casi por arte de magia desperté en un hotel de lujo en una comuna del *barrio alto*, con un papacito al lado izquierdo de la cama, cuya belleza soberbia me hacía revivir, con solo mirarlo, la tremenda noche que me había dado.

La verdad es que el anterior, al lado del nuevo, era como comer charqui en vez de un filete wagyu a punto. Sin embargo, yo seguía comparando, seguía extrañando porque el amor no se reemplaza con una noche de buen sexo. Los sentimientos no son táctiles, y yo todavía no me lo podía sacar de la mente.

Siete citas y dos meses precedieron al momento glorioso. En cada una de estas, yo iba mostrando mi lado vulnerable, hasta que mi Ken, un hombre inteligente, se dio cuenta de que yo le pertenecía a otro, aun cuando ese otro no existía. Este chico no estaba dispuesto a bancarse ser mi clavo y así, sin más ni más, un día me cortó, para nunca más volver ni a conversar.

Para que les dé más rabia, les contaré que, un fin de semana a Punta del Este nos pegamos y, en ese viaje idílico, entre besos y caricias, se me escapó el nombre del que ese día bauticé como *el innombrable*.

La verdad es que lo pasé bien mal por ser dejada de nuevo, pero más por lo tonta que era de seguir atrapada en un recuerdo. Entendí que debía sanar primero y esperaba sinceramente, no tener más clavos, sino un amor verdadero. Pero la esperanza estaba lejos de la realidad ya que, para el aprendizaje total, faltaba gastar un par de cajas todavía.

HISTORIA DE RUPTURA

Mi amiga está en el noveno mes desde el último día de su vida con su ex. Como muchas, antes de buscar ayuda, transitó el tormentoso desequilibrio emocional de las fases iniciales del duelo, tales como la negación y la ira, en donde suelen cometerse el máximo de errores posibles, como consecuencia del shock de la pérdida y de la imposibilidad de observar con claridad los hechos.

Ella recuerda sucesos tales como llorar y suplicar al involucrado para que no la deje. Se mira transitando todos los lugares y/o calles en donde podría encontrar al susodicho, para generar un encuentro *fortuito* que mágicamente volviera la ruptura a punto cero.

Mi amiga buscó a la madre, hermana y amigos de su pareja, pasando por pedirles ayuda hasta denigrarlo con alevosía toda vez que no encontraba reacción a sus súplicas. La llamaron *loca* varias veces, pero ella nunca lo escuchó: lo sabía. Lo intuía porque ni ella misma podía reconocerse haciendo tanta tontera. En más de alguna oportunidad se emborrachó, llamándolo o escribiéndole por WhatsApp a altas horas de la madrugada. También se sorprendió revisando todas las redes sociales disponibles en donde hubiera presencia de su ex.

Miraba las fotos, leía los comentarios, *estalkeaba* a las personas que comentaban, a los *Me gusta* que se repetían. Imaginaba historias tras cada imagen compartida, buscaba un algo de lo que no sabía que era. Lo concreto es que, con esas acciones, se destruía sola, sin saberlo, sin sensibilizar lo cruel de tan irracional nivel de autoagresión.

Mi amiga logró con el tiempo recuperarse, pero cometió un grave error: luego de haberme contado su proceso, me lanzó un misil:

—Lo voy a llamar.

—¿Para qué? —le pregunté.

—Tengo curiosidad por saber cómo está. Hace mucho que no sé nada de él. Además, yo estoy bien, y estoy segura de que ninguna interacción me podrá mover algo. Ya lo superé.

Se preguntarán qué pasó luego. Mi amiga volvió destrozada después de un tiempo, con un retroceso que costaría rehabilitar, no imposible. Pero operar sobre cicatrices no es igual que hacerlo sobre una piel virgen.

El mensaje de esta historia: cuando algo termina, termina. Por lo que sea, por la razón o responsabilidad de quien sea. Por un día, unas semanas, meses, años o para siempre.

La forma como te relacionabas antes de la ruptura nunca va a ser la misma con ese ser. Debes dejarlo ir y a ti como la que fue durante el tiempo que estuvieron juntos.

Cualquiera sea el desenlace posterior, va a requerir a una nueva tú caminando (eso no lo dudes ni por un instante), ya sea para continuar la relación o para comenzar un nuevo camino. Pero acepta: ESA HISTORIA TERMINÓ.

Suplicar, llorar, buscar o mendigar amor ALEJA al otro. Indignificarse generará en tu expareja RECHAZO. Si tu interés es regresar, estas artimañas no te van a servir, sino, muy por el contrario, lo alejarán. Te va a repudiar y, lo que es peor, TE ODIARÁS A TI MISMA cuando te des cuenta de las tonteras que hiciste en nombre del amor.

El camino de la recuperación LO HACES POR TI Y PARA TI… no para recuperarlo. Eso puede ocurrir como una consecuencia de tu yo en su mejor versión, y debería ocurrir siempre y cuando, si y solo si, él también ha realizado un trabajo similar sobre sí mismo.

CONFÍA EN LA VIDA: Si esa persona era para ti, de alguna manera volverán a contactar. La vida, en su perfección, en el camino te pone personas o las saca para que evoluciones. No te precipites y ten fe en que lo mejor está por venir.

31

TE DIJE ADIÓS QUERIENDO QUEDARME

Y contigo ya terminó. Lo mejor de este ciclo fuiste tú. Me diste tanto como yo te resté. No había sentido en la vida, sentimientos así de desbordados. Verme reflejada en días de sol y huracanes será el mejor de los aprendizajes con los que me pueda quedar. Por esas misteriosas razones del destino, te mostré mi sombra oscura, con falta total de cordura. Una mezcla de delirio y de movimiento, de malas palabras, de desaciertos.

Nunca sabré cuál era el objetivo; lo cierto es que plantarme de cara con mi oscuridad es un buen punto de partida para trabajarla. Tal vez ese sea mi aprendizaje, con un alto costo para tu paz, debo decirlo. Pero, como sabes, este terremoto que pasó brevemente por tu vida también traía consigo algo... ¿quién sabe?

Me quedo con el recuerdo de la mujer rendida a tu ricura de cuerpo, alma e intelecto. Con las noches borrosas, las dormidas abrazados, tus tapadas de espalda, tu mirada profunda, tu voz hipnotizante, tu casa mágica y yo en ella como en un cuento. Me quedo con la música, con tu guitarreo, tu canto, tu tiempo, tu espacio, tu cepillo de dientes, los retos, las enseñanzas, la charla de TED que con tanto amor me regalaste (así lo sentí). Esa de Eduardo Sacheri, que seguro y desde hoy cambiará mi mundo de lectura y mi sentido de escribir, con esa última frase que dijo: «¿Está permitido llorar?». Te confieso que también lloré porque sabía que, al salir luego de tu casa, ya jamás te volvería a ver.

Me quedo imaginando el viaje que nunca hicimos, pensando en todos los libros que hubiera querido regalarte. Me quedo con esa respiración suave y para mí somnífera, con el olor de esa polera tuya que me sorprendiste oliendo. Te reíste de mí con picardía. Te devuelvo los viernes, los sábados, la tranquilidad que te robé la primera vez que me viste. Gracias por todo, mi amor, por ti, por ese último café...

AMOR DISONANTE

Conviví con un hombre lleno de virtudes, que me demostró siempre un amor sincero. Su preocupación desbordante por mi persona y las muestras concretas de atención y cuidado que de él recibía me daban la certeza de sus sentimientos y, en el fondo, de la gran fortuna que era, para mi vida, haberlo conocido y, más aún, que me hubiera elegido. Esta cognición se asentó con firmeza en mis procesos mentales; por lo tanto, el desastre que en mi mente ocurrió al reconocerlo sin su máscara me dejó en un estado de duda y confusión tal que sigo tratando de descifrar cuál es la verdad de las circunstancias. De ser un hombre lleno de virtudes, un día comenzó a desnudarse frente a mi persona, no así hacia afuera, donde seguía disfrazado con su magnificencia. Al cerrar la puerta, ya era otro: uno que daba miedo, que disfrutaba con agredirme, hacerme pequeñita, dar vuelta las cosas para que, así, yo siempre tuviera la culpa. Lo hacía tan bien que muchas veces llegué a convencerme de ello. Y así pasaron años. Vivía con un príncipe, pero también con un demonio. No podía mantener la coherencia de mis emociones; me causaba mucha confusión tratar de comprender sus comportamientos ambivalentes de ángel y de demonio. Transitaba de uno a otro sin razón aparente. Dicen que la mente es tan lógica que, ante dos comportamientos disonantes, esta siempre creará una excusa para justificar la permanencia en una relación que tanto daño causa. Es como si, al no poder razonar esa situación que no cuaja, le pusiéramos un parche de *normalidad*, dándole más fuerza a la idea de que somos las culpables, las malas, las inestables, como si quisiéramos justificar con eso la conducta demoníaca del otro. Nos hace tanto ruido no tener la capacidad de dejarlo que preferimos ponernos, solitas, los grilletes. Es más fácil aceptar la culpa que hacernos cargo; al cerebro le gusta lo conocido, la respuesta cómoda, la justificación que respalda, la mentira de creernos amados, porque eso es lo que nos falta. ¿Cuánto camino será necesario recorrer para comprender que no debemos quedarnos en donde estamos sufriendo? ¿Cuánto daño psicológico debemos causarnos por preferir quedarnos inventando que allí estamos mejor que afuera?

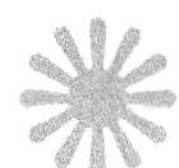

REFLEXIÓN

CUARENTA Y TANTOS Y SIN PAREJA

Cuarenta y tantos años, y empezaron los cuestionamientos. Haces un permanente repaso mental de tu historia, no siempre rescatando lo positivo de esta sino, muchas veces, lamentando lo que hiciste, no hiciste o dejaste de hacer.

De pronto, y sin darte cuenta, llegaste a la mediana edad sin la casa con patio, el perro, los niños que corren por el jardín, ese hombre de cuentos que hace de viejo *pascuero* en la Navidad. La pintura de tu vida solo muestra a una mujer que camina por una calle gris vestida de otoño-invierno, lo que reemplaza a esa caricatura de la familia sonriente que tenías colgada en la pared de tus deseos.

Tal vez tengas mucho más de lo que crees, pero lo cierto es que aquello que tienes no siempre recibe la atención adecuada, precisamente porque está ahí. En caso contrario, puede ser que tu vida haya tenido como prioridad servir a los demás, olvidándote de ti misma, descuidándote en todos los niveles existentes, con el fin de que tus padres, hermanos, hijos, familia en general estuvieran bien, preocupada siempre por que nada les faltase.

Puede ser que hayas llegado aquí arrastrando un dolor de amor. Cinco, diez, veinte años de soledad elegida por el luto por alguien, por el trauma de no enfrentar la misma relación. O, simplemente, sigues amando a ese otro que hoy rehízo su vida, pero tú le sigues fiel haciendo misa.

Siempre te preguntas: «Y ahora qué?». Estás sola, queriendo estar en pareja, pensando en que deberías estar ocupada disfrutando, y no preocupada buscando. Convengamos en que el *mercado masculino* tampoco es atractivo. Tanto hombre casado, sexualmente no definido, deteriorado, con una vida a cuestas (en donde, además de bancarte sus pesares, te calza la exesposa, los hijos, la pensión alimentaria y, en general, compartir los restos de un proyecto que con otra no le resultó) no motiva la esperanza del encuentro.

Y, si no es eso y está tranquilo, a los cuarenta y tantos, un hombre separado solo quiere jolgorio, un recreo en veinte años, rasgarse los jeans, ir a fiestas electrónicas un martes, un mismo martes en que tú solo quieres estar metida en una tina de baño.

Tal vez no sea eso, pero sí el refuerzo de su hombría: acostarse con una, otra y contigo, que también estás en su lista de muñecas inflables. Quieres volverte humana a sus ojos, a su alma: irrisorio deseo el tuyo esperar que, por follarte, te ame.

Y sigues sola. De vez cuando, te agarra la esperanza de encontrar la aguja en el pajar: será tu premio a la constancia. Pero de pronto entiendes que no hay remedio: o te buscas uno de veinticinco, o te compras un perro.

ALGUNA VEZ CREÍ EN UN AMOR ROMÁNTICO

La última vez que estuve enamorada y feliz de estarlo fue hace tres años. La pasaba bien sintiéndome así. Era correspondida; por tanto, el disfrute fue total. Juntadas con amigos, salidas a bailar, asados en la terraza, sexo desenfrenado, playa, planes, desayunos, duchas y sentimientos varios; todo caminaba hacia un futuro esplendoroso.

Recuerdo las arrancadas a Serena, el avión a Lima, los paseos frente al mar, y todas esas cosas que son bien lindas para recordar. Una vez que sanas, no te dañan, pero a veces no sentir nostalgia del pasado es asunto complicado.

Me encontré con esa historia en una foto no borrada de Instagram. Las redes sociales a veces te dan un paseo por momentos anulados y ahí, otra vez, lo vi con su cara de contento, prometiéndome un mundo que jamás se hizo presente. Yo, en ese tiempo, era una mujer crédula, inocente, con muy poca gestión de la realidad, por estar casi siempre soñando arriba de las nubes. Lo pasaba bien así, dibujando mi vida con acuarelas de colores. Aun cuando el cielo se estuviera cayendo de truenos y agua, nuestro tiempo juntos siempre fue verano.

Un día estuve enamorada; sentía esas ganas de agarrar a besos a alguien, de hacerle cariño con su cara en mi regazo, de mirarlo horas seguidas sin pestañear, olerle el cuello y morderle la boca, atesorando esos momentos como pedacitos de felicidad plena no siendo yo, sino otra, pero en un cuerpo prendido por un fuego que te agarra como si estuvieras cubierta de gasolina.

Con la calma que da el paso del tiempo y con las experiencias adquiridas, si tuviera que elegir qué tipo de amor vivir en el futuro, sin duda alguna me quedaría con uno más reposado, más tranquilo, menos idealista. Con más conversación y con menos quimera, sin tanto adorno, pero más honesto y, sobre todo, sin proyectar. Solo disfrutando de las cosas lindas que pasan cuando conectas con alguien más allá de la pura piel.

Dicen por ahí que querer amar así es señal de madurez; por tanto, bienvenida a una nueva etapa de mi vida sin expectativas y con pura realidad. Una nueva forma de adquirir experiencias conscientes, para seguir avanzando en esta empinada carrera llamada *vida*.

3

ELLAS TAMBIÉN LOS DEJAN

Las mujeres también se aburren y se van. Un buen día, se dan cuenta de que viven una vida que no es de ellas; sienten que les fue arrebatado el tiempo a la fuerza con situaciones que no eran parte del plan inicial. De pronto, la monotonía, el aburrimiento y la decepción son huéspedes de una casa que de hogar no tiene nada y, de tantos años de haber estado aguantando todo, ya han perdido la resistencia.

Es entonces cuando deciden caminar hacia la incertidumbre antes que quedarse en tierras infértiles. Para ellas, el dicho «Más vale diablo conocido que ángel por conocer» ya ha perdido toda lógica.

No he hablado mucho de ella, de esa mujer que tuvo el coraje de haber dejado atrás una mala vida a pesar de las circunstancias. Que se aburrió de que le pusieran los cuernos con descaro, de pagar los pesos recibidos una vez al mes, con su dignidad. Un buen día se cansó de que la trataran de loca, gorda, fea, inútil; de que la pusieran mal con el resto, hasta con la propia familia, solo por el placer de menoscabarla.

Un día se le cae la venda, y no le importa nada; hace su maleta, agarra a los hijos y es capaz de irse incluso solo con lo puesto, todo con el fin de protegerlos. Las mujeres también dejan a los hombres. A aquel que la castiga con el silencio, que satisface su cuerpo sin pensar en el de ella; a ese que, borracho, se acuesta con olor a cantina de barrio y del que, al mirarlo, sabe que jamás llegará a un punto de éxito si sigue a su lado.

Hay algunas que también dejan a los buenos hombres, porque no se venden a un sistema que las obliga a tener pareja. No se quedan porque el otro sea buen padre, un proveedor calificado, porque no es infiel y por todo aquello que se busca para justificar la permanencia. Si no aman, si no se sienten queridas, si la pasión se les apaga, si ven que el otro no reacciona, ellas se largan: no están para sacrificios de abuela. Saben que el tiempo es corto y, más temprano que tarde, se irá apagando con tanta desdicha. No se dan permiso para eso.

Es curioso que siempre hable de aquellas que necesitan valentía, si hay otras que, al hacerles de espejo, podrían ser más poderosas que un par de palabras mías. Por eso, a aquellas mujeres valientes que cruzaron un campo minado para llegar a su hogar verdadero, mi reconocimiento por tanta valentía y por tan tremenda osadía de pelear no por su comodidad, sino por su LIBERTAD.

AMAR PARA SIEMPRE

Nadie puede cumplir la promesa de amar para siempre; no existe el poder de perpetuar los sentimientos porque estamos en evaluación constante. Dejar de amar no es traición, sino un hecho tan válido como entender la vida y su impermanencia.

Hoy quisiera que estuviéramos juntos para siempre; sin embargo, no puedo hacerte esa promesa. Ojalá la vida nos diera la madurez de aceptarnos y querernos en nuestras luces y sombras, pero es bueno que tengamos consciencia de que la palabra *para siempre* representa mucho tiempo, y los de entonces ya no seremos los mismos.

Elijo amarte hoy y desde aquí; solo eso puedo prometerte. Si tú me eliges también a mí, es muy probable que volvamos a vernos mañana. Si viviéramos el amor así, sería todo mucho más fácil, ¿no crees? Seríamos menos culposos. Dejaríamos ir aquello que no es nuestro, ya que sabríamos que, de igual forma, todo volverá a comenzar otra vez, solo que en un cuerpo diferente. Aferrarse, resistir y perpetuar son enemigos de vivir en libertad, y eso es una pena, porque solo en libertad podemos amar realmente en plenitud.

TE BUSCO

En esta semana descubrí que quiero un hombre grande. De esos que se hacen cargo, que sacan la cara, con una mezcla de entre valentía y dulzura que se aplique según corresponda en cada circunstancia.

No me interesa que me trate como a una reina, ni que me tape de wasaps a toda hora para demostrarme que piensa en mí, porque no quiero ser foco de su atención todo el día. Soy de esas que entienden que extrañar en una relación es necesario pero, sobre todo, que no se necesita de otro pulmón para respirar.

Yo quiero admirarlo, mirarlo hacia arriba, ni siquiera de igual; me quiero parecer un poquito a él, sentir que tiene perspectivas diferentes, que complementen las mías carentes de una visión de hombre fuerte. Quiero que me dé besos largos, que en la cama no me trate de «Bebé», ni me diga: «Perra sucia», sino que me llame por mi nombre y me quiera sin recriminar cosas que solo están en su mente.

Ojalá fuera lindo, con esa lindura que tiene la gente que, sin ser bella, llena un escenario; que, cuando habla, los demás callan solo con el fin de oírlo porque sus palabras siempre suman.

Quiero que sea humano, que sufra con el dolor de otro, pero que intente ayudar, y no solo se quede lamentando. Que sea un hombre de esos con los que te quedas leyendo sobre la banqueta de una plaza y de pronto se hace de noche sin sentir los tictacs del tiempo. Un príncipe: ese es el que aún espero. ¿Habrá uno así para mí o es mucho lo que estoy pidiendo?

¿TE ACUERDAS DE ESA NOCHE?

¿Por qué tenemos sexo irresponsable? Cuesta reflexionar respecto del tema, así que te diré algo importante. Entiéndelo bien.

Tienes una noche de sexo casual, o una relación intermitente en donde no existe un compromiso real, sino una falsa confianza que sientes ante el otro, accediendo a no usar preservativo (porque según él, eso le resulta incómodo y tú, con el fin de complacerlo, cedes, consciente de que te expones gratuitamente a riesgos permanentes por un falso amor temporal).

Luego de esa noche, esperas la llamada al día siguiente, o el saludo afectuoso que sustente la entrega (mejor dicho, la irresponsabilidad), pero nada de eso ocurre. Al fantasma de una noche de juerga le sumas el riesgo de posibles enfermedades de transmisión sexual, embarazo no deseado y la humillación que se siente al creer que eres querible y darte cuenta de que solo fuiste usable.

Así, te vas a la farmacia, te tomas la pastilla del día después, te lo pasas tres días con efectos secundarios indeseados, partes al consultorio de tu médico de cabecera, te chequeas, pero resuelves y adviertes que un consolador jode menos que un falso amor.

Y sigues caminando. Si eres inteligente, no repetirás la experiencia (total, la sacaste barata) y, si la ceguera persiste, harás la misma tontera otra vez, hasta enfermarte, embarazarte o deprimirte. Está en ti decidir lo que no quieres que ocurra.

Mi consejo del día:

1) El sexo casual es solo eso sexo. No lo confundas con un sentimiento verdadero: eso requiere de otros ingredientes, y tú recién estás mirando la receta.

2) No cedas a hacer cosas que no quieres. Si el otro no respeta tu no, vístete y ándate rauda.

3) No te expongas y, si lo hiciste, revísate, y que no te importe si te dijeron que tú eras la única en mucho tiempo porque eso es una mentira. Desconfía, y que un médico te revise.

4) No esperes la llamada; cierra el caso, y deja que la vida haga lo suyo.

5) Si repites las malas experiencias, es la vida que te dice: «Por ahí no». Haz caso, y no se trata de que estés a la defensiva: solo cuídate el cuerpo y también el alma.

AMOR DESCARTABLE

El problema está en que nos acostumbramos a las relaciones desechables. A querer al otro solo cuando ríe o nos cuenta que está teniendo éxito. Adquiere valor cuando nos enaltece, nos da brillo, energía y una cuota de misterio liberador de dopamina. Nos acostumbramos al «Te quiero, pero no tanto», al «Dame indiferencia, que yo te daré mis ganas», al «No me exijas, que tengo mis tiempos», y tantas cosas raras que no entiendo y que casi ni escribirlas puedo.

Y así, ante cualquier cosa, damos por concluida la misión si algo no sale según lo esperado. «Tengo el tiempo corto», me sorprendo pensando en voz alta. Descarto a uno y a otro al minuto que se me frunce el ceño. Se lo confieso a mis amigas con el fin de entrar en razón, y descubro que a ellas les pasa lo mismo. Toman, comen y desechan. Así, sin reflexión alguna. A ellas también las cogen, las devoran y luego las descartan, como un plato de cumpleaños que es útil mientras tenga la torta.

Yo creía en el amor, pero el mundo no tiene tiempo para querer. A veces siento que yo tampoco y, de la intención al hecho, esperando tener dividendos sin invertir ni las ganas, sin armar el proyecto, como si hubiera miles y yo fuera la única, el tiempo sigue pasando, y la soledad me toma la forma del cuerpo y yo, el gusto de que se quede porque ni aliento tengo para pronunciar la palabra *intentar* y, la verdad, mucho menos para ejecutar la acción.

EL DÍA QUE MI AMIGO NO FUNCIONÓ

Yo no quería contar esta historia, pero ustedes disfrutan tanto de mis textos que no puedo sino abrir el alma por acá, para regalarles uno de mis tantos episodios freak. (Al cariño se le corresponde, y al lector hay que darle lo que pide, e incluso lo que no pide tanto. Ocurre que lee y luego le gusta, y eso a mí sí que me gusta).

Ya saben todos que soy muy apasionada. Considero que una buena relación sexual es el equivalente a estar un mes completo a dieta y luego comerte una hamburguesa con tocino acompañada de una coca cola normal (de esas que saben igual de dulce que un jarabe para la tos) y sentir cómo en cada mordisco te llega uno y otro shot de endorfinas, así como se siente el golpe de olas continuas en el cuerpo luego de haber estado un rato quieta el agua.

A mí me gusta lo carnal; siempre he creído ser portadora de casi todos los pecados capitales. Mis amigas dicen que no me preocupe, que solo soy una gozadora y que, de mayor, seguro me calmo.

Con esa introducción, y para que se hagan una idea, cuando conozco a un chico, lo primero que pienso es cómo tira, o coge (o *ama*, para los románticos). A mí, la cursilería me funciona perfecto pero, cuando escribo poesía, esta no revela una vivencia autobiográfica.

Hago testeo de manos, de pies. Miro con agudeza la boca; escucho con atención el tono de voz, escaneo los movimientos y, en treinta o cuarenta segundos, ya tengo listo el análisis de precompatibilidad sexual.

Nada de cosas como esperar a que me quiera o me trate con dulzura; si su performance en la cama es mala, no pasa a la próxima cita. No me regañen. No es que sea fría, pero siento que voy a ser vieja luego y, por eso, me toca quemar los últimos cartuchos. Sin embargo, como la vida es sabia y hace mirar los eventos con más profundidad que mis lagunas superficiales, un día (uno de esos de mis días en llamas), me manda un momento sublime en el que aquel chico escaneado durante cuatro meses en mis espacios laborales de pronto me devuelve el mismísimo suyo deseo carnal con un par de miradas.

Precedieron correos electrónicos, toqueteos casuales en las escaleras, besos cuneteados y ya, casi de la nada, estábamos planificando un almuerzo de esos largos (unas tres horitas más o menos), con el fin desatar el fuego clandestino de nuestra atracción temporal.

Y así, un martes de noviembre (el martes 7, pasa ser más específica), decidimos quedar en el lugar acordado a la una del mediodía (no nos fuimos juntos para no levantar sospechas; además, eso le daba más emoción al momento).

Y yo, con el corazón en la boca y con la piel de gallina, caminé con un hambre insaciable en mi deseo de su carne, esperando un día sublime y, con ello, el cumplimiento de mi sueño de agarrar a mordiscos al compañero de oficina, al que con tanto frenesí añoraba tener entre sábanas.

Ahí estábamos entonces; él y yo a solas y con el reloj a contratiempo para concluir la misión. Tal vez por esos bríos, premura, ganas acumuladas o lo que fuese, a mi amigo su humanidad no le funcionó. Sí, así de triste; el rato se convirtió en un momento incómodo para ambos, más para mí, que le puse todas las ganas para levantar el cuerpo caído. El joven, tembloroso, yacía de diferentes colores y, de hablar con tono voz FM, en ese momento empezaba a tartamudear.

Ya ni me tocaba de la vergüenza que le daba no cumplir con mis expectativas que, por lo demás, eran bastante altas (así se lo había hecho saber antes). Sin embargo, creo que lo más difícil de involucrarse con un colega es que, pase lo que pase, lo ves al otro día y, si el momento fue un desastre, te lo debes bancar igual, con todo y con el chisme que venga. Uno abrirá la boca para contarle a otro el *secreto* que lo embarga.

¿Quieren saber qué pasó luego del desastre? Yo, que de ser una piedra había quedado toda compasiva, dispuesta a perdonar incluso su grave falta y darle, así, una segunda oportunidad por el empeño puesto de su parte (bueno, no puso nada, pero lo intentó), le hice *coaching*, con el fin de que se relajara. Sin embargo, me agarró una especie de odio; tanto es así que hasta me quitó el saludo para siempre.

Después de aquel evento no consumado y de su indiferencia incomprensible, comencé a pensar que el problema había sido mío. Imaginaba que tal vez tenía pelos (pese a haberlos arrancado), mal olor en la boca, que mi celulitis lo había espantado, o incluso que mi cuerpo para él había sido demasiado grueso.

Otro día, creía que mi forma de ser había aplastado sus feromonas; intuía que yo había sido una apuesta y que, al no gustarle, su instinto no había movido su biología. Creo haber pasado varios días cuestionando mi femineidad y, lo que es peor, mi encanto sexual, hasta que un buen día lo encaré y le pregunté qué le había pasado.

No podrán creer lo que me dijo; no sabía si reír o llorar. El punto es que sacó la piedra de mi espalda al pronunciar las dos palabras que me devolvieron el aliento: «¡Soy gay!». Lancé una mirada de sorpresa, luego una carcajada, y hoy solo puedo decir que llevamos tres años de una hermosa y honesta amistad.

Él siempre dice de mí cuando estamos con otros amigos: «A esta mina la conozco tan bien que incluso la he visto hasta sin ropa». Parece chiste, pero los dos sabemos que fue real.

Desde ese entonces, aprendí a no dar nada por hecho ni hacer supuestos; muchas veces la gente reacciona por vivencias o estímulos que nada tienen que ver con uno y, ante la duda, hoy siempre pregunto antes de especular.

9

ÉL Y SUS DIEZ AÑOS MENOS

Se me hace cortito el regreso a casa escribiendo. Lo hago parada; casi siempre parto con el escrito en la estación de metro mientras espero que filas de filas de gente pasen al carro que sigue, así me distraigo. La gente se empuja y se aprieta aumentando la sensación térmica. Hay como treinta y siete grados ahora; lo bueno es que yo, tranquilita, espero mi turno escribiendo: eso me evita la queja.

Mientras pienso en la historia que quisiera contar, hoy se me vino a la cabeza una que tengo media oculta (como que me da vergüenza), pero confío en el silencio de los lectores, y cruzo los dedos para que no llegue a manos del protagonista.

Este cuento habla de mi interés por alguien menor (sí, no me juzguen, pero el cabro podría ser hasta mi hijo). Para que se imaginen mejor la escena, les cuento que yo soy ejecutiva en la semana: vestida formal, tacos y maquillaje. Cuando me junto con el chicoco, me da pudor porque llega con sus jeans rasgados y con sus poleras destruidas. Del hombro le cuelga una cartera tipo banano y siempre tiene cara de que tiene tiempo.

Yo salgo toda cansada del trabajo, y él ahí, proponiendo tomar cervezas, oír música en vivo, baile y sexo desenfrenado. Todo el pack de cosas entretenidas para hacer en seis horas, como si yo no tuviera nada que hacer al día siguiente.

Eso pasa cuando uno anda con un cabro chico: las quiere todas sin percatarse de que, a una, los años le pasan la cuenta. Pero me entretiene: hay que decirlo. Desde que estoy con él, como que retrocedí cinco años. Me río más; volví a escuchar reggaetón, contra todo pronóstico, y pareciera que espero los viernes con infinitas ganas. Es cierto que somos más diferentes que el día y la noche, pero en la cama hacemos un eclipse perfecto. Eso ni dudarlo. El niño me prende, me entusiasma.

Cuando me ve, se le nota que le gusto; yo creo que lo que le gusta es la sensación de estar con alguien grande, pero no le digo nada. Le sigo el juego porque, además de todo, me cae bien. El infante (en sentido figurado) tiene la alegría que da el no tener obligaciones.

Vive el momento presente como si fuera único. Le admiro eso porque yo vivo pensando hasta en el ahorro necesario para jubilarme con dignidad. Vaya las diferencias entre ambos… No andamos de la mano por la calle: eso me da pudor. Siempre nos juntamos en un lugar privado.

Yo a veces pago la cuenta, y él se avergüenza. Le digo que no se preocupe, que otro día me invita. Me gusta, me hace reír. Él sabe que esto no se trata de amor, pero a veces jugamos a querernos. Algunos días sueño con que soy más chica y que podemos estar sin pesar tomando cerveza en una plaza. Bonito sueño es cuando despierto y entiendo que esta locurilla de verano tiene fecha de vencimiento. Como todo en la vida y sus impermanencias, sé que el chico un día crecerá y tal vez hará de nuestro cuento su propia historia, como yo ahora mientras voy camino a casa, en el metro. Ojalá pueda leer algún día lo que escribió de mí. Leer eso sería un verdadero privilegio.

MI AMIGA, LA SEPARADA

Esta cuestión de ser etiquetada por el estado civil es bien agotadora. Que si de soltera a solterona, que si de casada a separada o divorciada, como si cada estado definiera la forma y fondo de las personas, lo que hace que los demás te vean conforme a las circunstancias de compañía o de soledad que traigas. Me puse a reflexionar después del cafecito de domingo con mi amiga, la separada.

Ella es esa típica mujer medio neurótica, estado que la hace ser emocionalmente negativa, ansiosa, culposa, e incluso experta *agrandadora* de problemas, como esas personas que, cuando llueve, ven diluvio y que, cuando truena, pronostican el fin de mundo. La verdad es que esa no es su esencia: se puso así cuando se separó. Se metió sola en el club de las *fracasadas*, de esas mujeres que se culpan por no haber *retenido* a sus maridos y que piensan que no existirá un hombre en el mundo que las quiera con esa condición, más aún si tienen hijos pequeños. Ya se clavaron en la cruz con el fin de padecer su nuevo estado civil.

Mi amiga me dice que ya no cree en el amor, que se va a dedicar a los chicos, a la casa. Que ahora tiene que ver cómo resuelve temas de fondo, los financieros, por ejemplo. Una mujer sola tiene que reinventarse para obtener el equilibrio que perdió estando en pareja.

Me contó que ya ni amigos tiene, que los que tenía se esfumaron. Con esto de la separación, se fueron alejando pero, además de eso, ya no fue considerada para actividades en las que no se ve bien una *mujer sola* (eso es lo que cree mi amiga). Piensa que no la invitan porque no tiene pareja. ¿Qué va a hacer sola ahí, en un cumpleaños, en un casamiento, en un bautizo? Además, hay otras mujeres que se pueden poner celosas si la ven hablando con sus maridos.

Un lío esto de ser separada recientemente; se tiene que volver a adaptar a una nueva forma de vivir y de sentir. Mientras tomábamos café, yo la veía sufriendo. Advertí que no sabía cómo reinventarse y enfrentar el mundo sola. Más que amor y nostalgia por el ser que ya no estaba, se reflejaba en sus ojos el miedo de no tener a otro que le dijera que era correcto lo que hacía.

Puede ser que veinte años de matrimonio te roben un poco de identidad y, en una simbiosis no planificada, de pronto eres el otro, te ves en el otro y pierdes aquello que te identificó en el origen: TÚ, como un ser único e irrepetible. Qué desafío más grande debe ser desprenderse de otro para aprender a vivir sin pensar en los dedos que te señalan por un estado civil.

Mientras tanto mi amiga, *la separada*, deberá caminar con sus propias piernas, entendiendo de a poco que solo necesita de estas para seguir caminando.

YO Y MIS CUARENTA

Parece que con los años me he vuelto más temerosa, lo que es bastante curioso, porque toda mi vida, desde chiquitita, fui diferente, casi opuesta a ser miedosa. Rayaba en la osadía extrema.

¡Para qué hablar de mi adolescencia! Creía que jamás moriría y, por lo tanto, incluso bañarme borracha en el mar a las dos de la mañana no era ningún problema; no había ninguna posibilidad de que una ola me llevase. No solo era inmortal, sino que hasta me sentía parte del mismo océano.

De adulta, a eso de los treinta, me miraba al espejo y me gustaba lo que veía. No solo eso: además, me encontraba *seca* (chilenismo que equivale a *ser muy buena en algo*). Cuando iba a alguna entrevista laboral, no estaba en mis posibilidades no quedar seleccionada, aun cuando hubiera infinitos postulantes. Ya me veía en el puesto. Tanto era así que, muchas veces, incluso lo materialicé.

Ya bordeando los cuarenta, no sé qué me pasó. Me puse irritable, ansiosa, medio pesimista, quejona, pero, sobre todo, muy, muy miedosa. Las palabras *soledad*, *desempleo*, *enfermedad* y, en general, términos asociados a *escasez*, han tomado forma de demonios que, de cuando en cuando, se me meten en los sueños, o, mejor dicho, en las pesadillas.

Ya no me siento inmortal, muy por el contrario. Ahora cruzo los dedos cada vez que me realizo un examen médico. Dicen que es normal que me sienta así, que es una etapa llamada *crisis de la mediana edad*, un punto medular en el que te lo replanteas todo y en donde debes redefinir proyectos y, en general, mirar la vida de manera diferente. Tal vez la incertidumbre no sea tan mala, porque genera espacios de oportunidad, empuja a buscar nuevas formas de ver y hacer las cosas, lo que, finalmente, te hace crecer.

Salir de la zona de confort emocional tiene dos finales: o te desestabiliza, o bien conduce a nuevos puntos de satisfacción plena. Lo bueno es que cada emoción de mi vida es un tema nuevo para escribir. Me tinca hablar de esto, y tal vez haya otras cuarentonas por aquí con la misma inquietud, como las mías.

GANAS DE ESTAR ENAMORADA

Cuando hay solcito, me dan ganas de estar enamorada. Me hace falta un poco el saludo cursi de la mañana o la planificación de actividades luego de la jornada laboral. Nada como ir a tomarte unos mojitos después de la oficina con esa personita que te saca suspiros y planificar dónde terminará la noche. Incluso, si una se siente aventurera, ir a trabajar con la misma ropa del día anterior no es asunto importante. Si se dan cuenta, la sonrisa de la cara borrará la vergüenza de esa noche loca.

Siento el impulso de agarrarme del cuello de alguien que no conozco. Pareciera que los colores de la primavera me despiertan las ganas de dar besos, hacer notitas y dejarlas pegadas por ahí en la agenda de alguien y que se dé cuenta cuando no estamos juntos. Extraño armar el viaje de playa de fin de semana. Mandar mis fotos en bikini por wasap a ese hombre invisible para que me diga cuál me queda mejor. Ir con la ventana del auto abajo por la carretera, con el pelo al viento y cantando juntos una canción prendida.

Extraño decir: «Te quiero», tocar, mirar con ojos de borrego, discutir, reconciliar. Me hace falta ese plan que de la nada sale y se transforma luego en una fiesta solo por estar con ese ser humano que te hace liberar endorfinas por mil. No me siento triste: no tengo nostalgia de un rostro conocido. Ya llegará el momento de que letras en papel adquieran forma y, entonces, me acordaré de, cuando camino al trabajo, un día cualquiera a las ocho de la mañana, estas letras iba escribiendo...

NO VOY A SER MADRE

Las mujeres sin hijos valoran su libertad en todos los sentidos y quieren realizarse en los ámbitos en que les sea posible. Para eso, entienden muy sabiamente que traer un hijo al mundo con ese concepto mental no solo les traerá limitaciones a ellas, sino también a ese ser, al cual no van a poder dedicarle toda la atención que merece.

Es así cómo generosamente deciden prevenir, evitar un potencial embarazo no deseado que vaya contra sus convicciones, y luchan aun cuando el ojo crítico está siempre sobre ellas, haciendo preguntas incómodas o cuestionando la decisión, como si el ser madre fuese la única materialización concreta de la realización de una mujer.

Es entonces cuando con valentía se asumen como *no madres* y hacen oídos sordos a los demás: no necesitan estar justificándose ya que no hay razones que vayan a satisfacerlos. Así, siguen caminando y abriéndose puertas hacia ese mundo mágico que tanto anhelan y sueñan.

Este tipo de mujeres, muy claras en su posición, hacen muchas cosas que les brindan satisfacción y, contrariamente a lo que se juzga de ellas, poseen una asombrosa capacidad de entregar amor… Muchas incluso ya son medio madres de amigas, hermanas, sobrinos y hasta de animales, entregándoles todos los cuidados necesarios para que cualquier objeto de su afecto se encuentre en plenitud.

Las mujeres que no planifican tener hijos suelen ser foco de una mirada un poco injusta, como penosa; algunos hacen referencia a algo así como «Pobrecita, se quedó sin hijos». Pero, tras eso, yo les cuento que ellas duermen las horas que quieren, ahorran para sí mismas pensando dónde querrán pasar su vejez, viajan sin remordimiento de tener a alguien que las espere en casa, pueden tomar altos cargos en las organizaciones (porque son capaces de invertir mucho tiempo en sus actividades profesionales con el fin de hacerlo muy bien y con la libertad de que no hay alguien esperándolas).

Son unas gozadoras de todo: del aire, del clima, de los amigos, del mundo en general. Muchas que conozco están muy dedicadas a la acción social; yo siempre les hago bromas ya que creo que, de todos modos, se comportan como madres, solo que tuvieron la libertad y coraje de no serlo con un hijo propio.

Cuando veas a una mujer mayor sin hijos, no le preguntes por qué no los tuvo: está de más. Ella es feliz con su vida, así como tú con la tuya con tus maravillosos hijos. El camino de la plenitud es diferente según los objetivos de cada uno, y hace mucho que lo social dejó de ser mandatorio. Cada cual llena su corazón con los afectos que decide elegir, y no tener hijos deja mucho espacio para derrochar amor y, también, para recibirlo.

TENGO GANAS

Tengo ganas de agarrarte a besos, de esos bien desbocados y que te dejan sin aire, que, de tanto darlos, casi se te acalambra la lengua, pero no te importa. Sigues ahí de pie, pegado al otro, frente al paradero del autobús, sin importar la gente que circula alrededor.

Tengo ganas de pasar por tu casa, engañarte y decirte que ocurrió algo urgente, que yo te llevo... Todo con la intención de sacarte de Santiago y encadenarte al sofá de esa cabaña vieja en medio de los bosques del Cajón del Maipo, sentarme frente a ti y mirarte, solo mirarte un buen rato. Lo cierto es que tu cara me calma, me gusta, le da a mi día esa cuota de ternura, que tanta falta le hace entre el ajetreo de las circunstancias.

Tengo ganas de comerte el cuerpo, de mordisquearte el cuello, de lengüetearte la espalda. De quedarme dormida en tu estómago, mientras me haces cariño en el pelo y sentir el perderme en tus dedos de a poco. No me quiero dormir; no quiero que sea un sueño. Así quisiera seguir.

Tantas ganas de ti tengo que muchas cosas más te haría, y no me importa si tú no quieres. Creo que, de poder, te obligaría... No, no es cierto, no lo haría; lo pensaría como siempre pienso, hasta cuando me sigo quedando con las ganas de perderme contigo un momento para decirte y hacerte lo que siento.

QUIERO UN HOMBRE QUE...

Huela rico, sonría lindo. Cuídese, quiérase, ríase (y ojalá lo haga mucho). Me gusta ese chico que no juega, que te dispara sus intenciones al hueso, sin anestesia, que te corteja con inteligencia y te habla con sabiduría. Ese que te escucha no solo con los oídos, sino también con los ojos, que no usa palabras como «Lo que tú deberías hacer...», sin que se las haya pedido.

Me gustan los hombres que pagan la cuenta, pero yo no tengo ningún problema en invitarlo luego a una cena de lujo, ya que creo en la reciprocidad, en el «Te doy y me das» en su justa equivalencia.

Me gusta la sensación de ser la presa y de que me cacen con detalles, pero a veces disfruto yo también cazando, haciendo que corra un rato de mí, hasta que se le ocurre el descaro de decirme sus sucios pensamientos. Entonces corro yo, descolocada de vergüenza por su falta de sutileza.

Ciertamente me atrae el estilo y clase de los hombres que, en su simplicidad, se ven grandes. Pero la desfachatez temporal tiene también su encanto. Me gusta que se convierta un poco en ambos. No sé dónde estás o si existes solo en mi cabecita loca pero, si mis líneas te alcanzaran, ya sabes dónde encontrarme.

No estoy pidiendo tanto: solo un poco de locura, con extrema cordura en un abrazo apretado, pero que me deje respirar.

ME GUSTAN MALOTES

A veces pongo mal el ojo. Desecho posibilidades de estar en paz con alguien cultivando una relación medio *fome*, pero sana. La cambio por otra más adrenalínica y con muchos elementos de incertidumbre solo porque me gusta la sangre hirviente, con el corazón al borde de una arritmia.

Qué locura la mía… Siempre digo y pienso que quiero calma y, cuando la tengo, me voy desencantando del momento, abriendo mis alas de mariposa en busca de otra flor para posarse. Y es entonces cuando me poso en un cactus que al principio parece una flor pero, como no lo es, me clava sus espinas, y yo me pregunto: «¿Por qué lo elegí?», «¿Qué le vi?». Y es entonces cuando me desangro pero, como cicatrizo rápido y soy optimista, agarro vuelo y, con todo, vuelvo a mi búsqueda implacable.

Yo no creo que a las mujeres les gusten los hombres malos en pro de los buenos. Creo que a algunos hombres en general (como los que me han tocado, claro) les falta chispa, más alegría, más picardía. Les falta reírse mostrando los dientes, seducirnos no solo cuando quieren sexo, sino en cualquier instante, sin un objetivo detrás.

También les falta ser un poco menos graves, no pensar que estamos locas y no tratarnos como tales cuando solo andamos hormonales. Se ponen pesados y ni preguntan por qué andamos así, medio raras. La verdad es que yo, cuando ando rara, ni idea tengo del porqué. Nuestro género es particular, y requiere de comprensión.

Los hombres buenotes son como los papás de una. Son esos que te llaman a las siete de la mañana, o te dejan un «Te amo» en el Whats-App. No digo que no sea un gesto bonito pero, si el llamado se repite después otras cuatro veces en el día, deja de ser sexy o esperado, y se convierte en un ser demasiado predecible.

Si a eso se le suma que me diga *guagua*, *bebé*, *mami* o *muñequita*, como que le quita credibilidad. La verdad, yo soy media rara… Pobre del que ponga sus ojos en mí… Ahora me pregunto: ¿qué mujer no lo es? Sin embargo, he llegado a la conclusión de que a los hombres los atraen las malotas, pero solo un ratito. El problema es que a mí los malotes me gustan siempre.

17

CONFINADA A UN CUARTO OSCURO

Esta es la historia de una y mil amigas que están en una relación de sábanas. En esta no hay desayunos, almuerzos, cenas en restaurantes, compras simples de supermercado, una peli en el cine o paseos por el mall. Ninguno conoce del otro ni amigos, ni familia, la casa o cualquier espacio íntimo que en las relaciones convencionales se dan por el conjunto de las experiencias acumuladas.

Por alguna razón, una de las partes pone la locación (casa), el vino, los quesos y su cuerpo a disposición. El otro que, si bien disfruta de la interacción que le brindan, comienza a inquietarse porque quiere más, pero no se atreve a expresar sus intereses por miedo a que ya no quieran verlo.

Entonces, se bebe el vino, se come los quesos, se desviste, se viste y se va. Luego, al llegar a casa, ella se siente vacía... El otro no tiene a otra; no la quiere a ella para tener algo más y, cuando queremos más, hay que ver cómo duele que nos den migajas de algo llamado *menos*. Por alguna razón no se hace la retirada; se espera con paciencia el milagro del cambio y, aunque este no llega, un ratito de lujuria contra brazos vacíos a algunos les es estacionalmente suficiente.

¿Quieren saber mi reflexión? Disfruten el momento, salgan con otras personas, además. No se queden con uno solo que les ofrece tan poco. El concepto de abundancia es no conformarse con la escasez, y esto incluye las relaciones.

No puedes obligar a nadie a que sea como tú quieres, ya que el cambio es un proceso personal y voluntario que nace de aquel que considera que es tiempo de trascender.

No ocurre porque todo lo aceptas y te sometes, así que, si no pasa, ¡disfruta! Pero no te engañes: eres muy inteligente como para creértelo. Sabrás en un instante que te están utilizando en vez de estar amándote.

No te sirve cuando te empieza a doler; mientras tanto y, si no te lastima, ENJOY.

18

ME ENCONTRÉ CON EL AMOR DE MI VIDA

Conocí al amor de mi vida, pero tarde supe que él era y, al saberlo, no pude retenerlo. Lo había visto antes; no sé dónde. Tal vez hasta en sueños se me había aparecido.

Yo tuve siempre un sueño recurrente. Una noche linda, estaba con alguien a quien no le veía la cara (pero con el que sentía impulsos eléctricos). Era algo así como si me diera la corriente, pero despacito: era algo rico. Siempre cuento ese sueño y trato de estar atenta para cuando se materialice, y así poder ponerle rostro a la película onírica.

Un día, de la nada, estábamos físicamente y en el mundo real, de frente. Era muy alto, mucho. Tanto que colgarme de su cuello para besarlo era una buena proeza. Hablamos un poco (no recuerdo bien qué cosas), pero creo que queda corto decir que la noche se me hizo un par de segundos. Era el amor de mi vida, pero yo no lo era de la suya. Y de eso sí pude darme cuenta. Lo había encontrado, pero no era para mí. Tampoco estaba con otra: solo no me quería y punto pelotas. Me tuve que quedar con la experiencia, las preguntas y aquellos recuerdos que, de solo evocarlos, me obligan a querer repetirlos.

Y quisiera llamarlo solo para decir: «Hola», pero no es cierto: no quiero solo decir: «Hola», sino que quiero que me pida que lo vaya a ver.

Me quiero sentar en su sillón; quiero mirarlo, tocarlo, olerlo; quiero quedarme a dormir con el rostro hacia la pared y con él con ese abrazo de espalda que al moverme me aquieta, como si no quisiera que me fuera. Pero él, si realmente quería que me fuera, yo quería creer lo contrario.

Me encontré con el amor de mi vida. Lo supe porque su «Hola, hermosa» era como música, tanto que, del concreto de la ciudad y la histeria de su gente, yo hubiera seguido su plan. Porque su plan era también el mío, sin él haberlo conocido antes.

Yo también quería agarrar mi maleta para que mis mañanas fueran abrir la ventana y ver un lago de frente, para luego disfrutar de un buen café, un libro y la magia de verlo. Era el amor de mi vida, y eso para mí era suficiente.

Donde estés, mi perfecto objeto de deseo inalcanzable, para ti mis letras, de las que sé jamás vas a leer. Si por esas cosas de la vida estas te alcanzan, quiero que sepas que hasta hoy he cumplido mi promesa.

19

MI AMIGA, LA SEÑORITA PERFECTA

Tengo una amiga maravillosa. Siempre tiene energía, una sonrisa o una palabra de aliento para quien lo necesite. En su trabajo es muy productiva: se la pasa pensando en cómo hacer cosas nuevas, en innovar y contribuir al negocio de una manera beneficiosa.

Está preocupada por su familia; por estudiar con su hijo, corrigiéndole los trabajos o ayudándolo a leer los libros para el examen que viene. Mi amiga detesta el desorden, las cosas sucias y pasa un largo rato de su limitado tiempo disponible ordenando la casa. Yo la admiro mucho, pero le tengo un poco de pena: ella se come las uñas. Ha ido deformando sus dedos al paso del tiempo, y no se da cuenta.

Además, como no come en forma ordenada, o pasa de largo o se pega un atracón de alta ingesta calórica, luego se arrepiente y se mata de hambre y de exigencia en el gimnasio porque se siente culpable.

Ella no duerme. Normalizó acostarse a las dos de la mañana, despertar a las tres y media o a las cuatro, tomar su celular y volver a dormir a las cinco para estar en pie a la hora siguiente.

Mi amiga olvida. Conoce a alguien que le gusta; luego, en veinticuatro horas, ese ser no existe. Ella es capaz de borrarlo como si tuviera un *reset* en la cabeza. No quiere querer porque eso la distrae y tiene tanto de que ocuparse que prefiere deshumanizarse ella para servir al mundo. Y lo hace con una altísima calidad, pero restándose años y vida para sí misma.

Mi amiga me recuerda a todas las mujeres que se despojan de su ser íntegro por hacer felices a los demás. Se olvidan de ellas y, ya de viejas, se ponen depresivas y solas. No supieron elegir sus batallas y aquellos a quienes sirvieron en vida las abandonaron en su lecho de muerte.

No quisiera más amigas como ella, así es que les dejo su historia para que reflexionen respecto de cuánto se están restando hoy por el marido, la casa, los padres, el trabajo o los hijos. Y, si la respuesta es: «Mucho», logren ordenar sus prioridades poniéndose, ojalá, en el primer lugar de la lista. Total, aquellos que amamos el servicio para servir debemos estar sanos de cuerpo, mente y espíritu.

No olviden eso jamás. Coman, tomen agua, duerman, descansen. Lo necesitan: los superhéroes no existen (al menos no en esta dimensión).

ME CUESTA QUERER

Me cuesta tanto abrazar, dar besos, decirle a otro que es importante, abrirme y mostrar mis vulnerabilidades, pedirle que pase tiempo conmigo porque es tanto lo que me gusta el tiempo juntos que, siempre que lo veo, quiero más.

Me cuesta tanto posar mis alas de mariposa… Y, justo cuando creo que todo será diferente, algo opuesto se me planta de frente. Su indiferencia, esa falta de interés de la que siempre arranco antes de que aparezca. Es entonces cuando me digo: «Tranquila, paremos con el miedo». Me desvisto del orgullo, y soy capaz de decir: «Te quiero» y, de pronto, el otro, sordo y mudo, reafirma que debo seguir guardando silencio.

 Y me avergüenzo. De haberle dado afecto, de las llamadas que le hice, de la atención que le di, de haber pensado siquiera que esto no sería una quimera y podría ser visible, no a un cuerpo, sino a un corazón.

Pero no lo fui… Creo que nunca lo he sido y deberé de una vez por todas aceptar no decir lo que siento si finalmente todo aquello que tanto temo dar, al darlo, se lo lleva el viento.

Qué difícil es coincidir con alguien en la misma frecuencia si uno quiere cordura y el otro es pura demencia… Hay relaciones de tan baja relevancia que ya gastar letras en descifrarlas es un derroche.

UN DÍA ME ENAMORÉ

Me he enamorado una sola vez... Sí... En tantos años, y después de haber conocido a tanta gente, puedo afirmar con convicción que solo uno ha tocado mi yo más profundo.

Curiosamente, ese humano es diametralmente opuesto al personaje que hoy busco. Ya ni sé por qué intento encontrar a alguien de quien sé que no es aquel con quien me voy a quedar. Tal vez sea por eso: no tengo ganas de quedarme (no sé si esto será para siempre). Pero, al menos por ahora, mi plan es seguir caminando.

Curiosamente, el hombre del que me enamoré no era alto (y vaya locura que le provoca la altura de otro a mi metro sesenta). De cuerpo perfecto, ni hablar: no tenía la complexión de los chicos de gimnasio que tanto me gustan... Pero dormía sobre él como si sobre nubes me acostara; era suave, imperceptible. Ni se movía para no despertarme; era tibio en invierno y frío en verano.

Me atrapaba con sus brazos si me movía un poquito... Entonces, me quedaba quieta, muy quieta. Y qué extraño era eso, porque yo ni durmiendo descanso... Lo cierto es que, sin ser el adonis de mis sueños, él era mi sueño mismo, así y con todo lo distinto al plan que yo tenía.

El hombre del que me enamoré siempre confió en mí. No importaba si no contestaba el celular, si salía y llegaba tarde, si no quería hablar. Ni importaba cómo me vestía, cuánto me arreglaba, si con muchos hombres trabajaba, si con compañeros estudiaba. Me amaba y entendía perfecto que el amor verdadero es libre, y yo era libre junto a él. Me quería así, sin miedo; lo cierto es que, mientras estuvimos juntos, ni de broma se me ocurrió mirar a otro. Él era suficiente cuando estábamos juntos.

Éramos amigos... muy amigos. Teníamos un lenguaje único que solo los dos entendíamos. Cierto es que la familiaridad mimetiza: creo que incluso llegamos a parecernos en lo físico.

Ese hombre no era ni extrovertido, ni un hombre importante de negocios, ni con publicaciones exitosas en el extranjero, ni admirado por el mundo ni lleno de recursos emocionales (es lo que hoy tanto busco en alguien). Era simple, cálido, honesto, limpio, divertido y más dulce que la azúcar misma.

Pero también sabía cómo ponerme freno, decirme que estaba equivocada sin criticarme y hacerme cambiar de opinión, mientras yo creía que se me había ocurrido a mí hacerlo. Era él quien me tenía como marioneta con sus hilos de amor... Creo que no sabe cuánto quisiera encontrarme uno igualito en el presente. Pero estoy tan equivocada buscando lo que no quiero que no me doy cuenta de que tal vez sea más simple que cumplir con todos los requisitos de mi carta Gantt.

TENER CLARO LO QUE QUIERES

Cuando tienes claro lo que quieres, haces un mejor foco. No pierdes el tiempo con personas con las que no conectas, con las que no entonas. Dejas de disparar a la bandada, y por eso te decepcionas menos: sabes elegir mejor.

Cuando ya sabes qué tipo de relación es la que mejor le haría a tu vida, dejas de acostarte con uno y otro, dejas de exigirle amor a un individuo que no te lo da. Eso ya no es necesario porque expusiste con claridad tus intereses y, si alguien no los considera, simplemente te marchas.

Cuando te aclaras, le restas valor a la cáscara y te concentras más en el ser. Te haces menos ciego al entorno y, al volverte más sensitivo, le das más valor a un silencio pleno que a un par de promesas que se sustentan en el aire. Te pones más certero, más consciente, menos superficial y, por arte de magia y de pronto, llega esa persona de la que tanto quieres que camine a tu lado.

Yo aún sigo esperando por ti, aunque no tenga la habilidad todavía de reconocerte. Espero muy pronto abrir los ojos y pararme de frente, y esta vez no soltarte y quedarme y reírme y quererte, porque lo cierto es que ya estoy cansada de buscarte y no encontrarte. Ya es tiempo de que te sientes conmigo a tomar el té.

REPARARTE ES ASUNTO TUYO

No existe una palanca del olvido que puedas bajar para dejar de recordar. Tampoco puedes repetir en modo autómata que no quieres pensar en esa persona, ya que lo más probable es que vendrá con más fuerza su imagen a tu cerebro.

Las experiencias no se borran con goma: quedan grabadas no solo en la memoria, sino en la mente y en el corazón, como un conjunto de historias, que forman un pedacito de quien eres hoy. A veces nos desesperamos buscando una salida rápida al dolor, porque cierto es que perder a alguien que queremos no es fácil de integrar, sino incluso de resistir. No solo deben ser acomodadas rutinas, sino sentimientos que se quedan ahí, como un tumor maligno que envenena el alma.

De pronto te das cuenta de que debes botar ese amor que sientes por el otro a la basura pero, como seres humanos, no estamos condicionados a deshacernos de algo tan importante como el amor. No es un par de zapatos, una casa, o un trabajo. Eran sueños, expectativas, tiempo invertido, compañía y, finalmente, una decisión tomada que implicó un alto costo de oportunidad para tu vida. Cuando decides tener pareja, dejas de elegir a otras; ocupas tu tiempo con ella, habiendo podido invertirlo de una manera diferente.

Tus planes ya no giran alrededor de ti sola, y entonces cuesta encontrar el centro tras una ruptura. Es como quedar sin una pierna, pero mirándote las dos en el espejo. No es asunto fácil. Así como no es sano culparte, nadie tiene derecho a juzgar tu dolor. Sin embargo, debes conocer el proceso que transitas, para no sentirte tan víctima.

Cuando somos conscientes de que compartimos experiencias comunes, sabemos que el cuerpo y la mente responden biológicamente adaptándose a las pérdidas, que no somos los únicos del mundo sufriendo por ello y que, en el momento en que comencemos a hacernos cargo de los que nos pasa, las cosas volverán a su orden natural. Porque la vida es así. La gente muere, pero también otros nacen. Los amores se van y, luego de un tiempo, ya estás queriendo a otro. Un día te despiden del trabajo y, de pronto, tienes un nuevo primer día en una empresa diferente. La salud a veces abandona pero, casi la mayoría del tiempo, no eres consciente de lo sana que caminas.

Tal vez tengas momentos de mucha risa y otros, incluso, de gran pena, y así, en la impermanencia de las circunstancias, siempre podrás buscar mecanismos para sentirte mejor y no abandonarte en la tristeza. Solo te toca decidir que serás feliz en todo momento, aun sabiendo que, en muchos de estos, se te podría desgarrar el alma.

24

NO QUERER ESTAR EN PAREJA

Ya llevas un buen tiempo sola. Independiente, autónoma, directora de tu vida. De pronto sientes que te hace falta una pareja. Pero, cuando piensas en que te vas a tener que adaptar a nuevas reglas de convivencia que podrían restringir tu libertad, te da pereza. El imaginar tan solo problemas te perturba. Las palabras *intentar, reparar, cambiar, terapia, indiferencia,* y todos esos agregados que se dan cuando una relación no funciona te aleja de la idea. Preferirías, incluso, buscar uno nuevo, ¿para qué tanto desgaste? Estás acostumbrada a tener paz mental.

Quisieras un amor bonito (ojalá perfecto), el regaloneo, la compañía, el sexo, la conversación, y todo lo que se deriva de una relación en donde hay complicidad.

No te atrae la idea de tener conflictos: ya la vida es bien difícil como para abrirle la puerta a alguien que no te traiga beneficios. Por todo lo anterior, no es extraño que no quieras tener una pareja estable, o tal vez sí, pero solo la parte buena, y no la mala. Triste es decir que no existe lo perfecto, pero muchas veces nos corremos del conflicto reemplazando unos brazos por otros cuando aquellos se ponen fríos.

En un mundo globalizado, lleno de información y que corre rápido, valores como el compromiso, la confianza, la independencia, tan trascendentales en la vida, muchas veces se ven amenazados cuando toca una mala relación. Por eso a veces te da pereza comenzar con alguien cuando ya tienes una vida armada estando sola.

A veces se da por miedo, y es natural, porque las relaciones son una lotería y, en estas, hay dos personas (cada una con su historia, las partes bonitas con las feas), a las que les toca convivir y coincidir con no hacer cortocircuito. Y siempre existe el 50-50.

25

SOLO NO ME QUISO, Y YA

Solo no me quiso. Llegué a la conclusión de que da lo mismo como sea. Si era bonita, fea, exitosa o fracasada, básica o evolucionada, fría, cálida, amable o berrinchuda (sin importar cómo me veía), él estaba destinado a no quererme, y simplemente, jamás lo haría, por mucho que yo así lo quisiera. No es que tenga que cambiar algo, o portarme diferente: no le gusto, no le atraigo, no le parezco especial, y tampoco es que alguna vez lo haya sido. En su propia historia, esta pieza no le encaja y, aun si fuese yo de oro, no estaría dispuesto a desarmar, por eso, el paisaje que construye. Cierto es que, para algunos, la basura es desecho pero, para otros, arte; yo siempre vi en sus ojos, no que era basura, pero sí que era como aire. Estaba ahí, pero sin ser vista. A su lado siempre fui invisible, y yo peleaba por ser importante. Era predecible saber que no iba a retenerme cuando decidí irme de su lado. Es triste, después de tanto tiempo, recién entender que fui nada en su vida y, aun cuando me lo mostró de mil maneras, yo lo seguía esperando, tal vez como si albergara la esperanza de que un día, de verdad, me viera. Pero jamás lo hizo. Siempre estuvo impávido en mi presencia. Y no lo culpo por eso: hay personas que en la vida están marcadas para no querer a otras. Da lo mismo cómo sean, luzcan o parezcan. Y hay otras que también están marcadas a fuego con una cruz tatuada que parece repeler justo a aquel que quieren que las quiera...

Reflexión

No eres menos, ni debes cambiar algo para ser querida y aceptada. Tampoco es que no estés a la altura de lo que deberías: no es tu cara, tu cuerpo, tus curvas. Da lo mismo si eres una florcita o te trepas sucia por los árboles que se te cruzan; a veces conocemos personas que se quedan un ratito y luego se van porque no llegan a quereros. No logran conectar, y nadie tiene la culpa por eso.

No eres tú ni él: solo la vida y sus pruebas para que aprendas que, al amarte tú primero, no te quedarás pegada en el desamor de otro. Tampoco en el papel de víctima ni mucho menos, albergando odio en tu corazón por ese que contigo no quiso quedarse.

26

AMOR QUE NO ES

Para algunos, la necesidad de obtener placer está por sobre el valor de la empatía. Por eso resulta fácil saciar la sed del propio cuerpo, sin importar si el corazón de una persona se rompe por cumplir el objetivo. *Amor descartable*: así lo llaman. Sirve para un rato corto; se aprovecha bien y luego se desecha. Poco importan los valores, el compromiso, las ganas de caminar juntos; los sentimientos se reemplazan por deseo, y el mañana nunca existe. La modernidad, el rápido caminar de la gente, el acceso a la información, la obligación de la inmediatez, desde lo más rutinario (como ver la película que quieres en el momento que lo deseas) hasta invertir un par de minutos en un clic y en un palabreo para luego encamarte con alguien sin ofrecer quedarte por ello. Esperar la conquista, el intercambio coqueto de sonrisas y miradas. La llamada que te da entre gusto y nervio, cuya ansiedad para cuando escuchas ese «Hola». El paseo por el parque, leer un libro en la banca de una plaza, conversar largas horas, no para hablar de uno, sino para conocer al otro, para descubrir de a poco aquello que va gustando sin prisa, pero tampoco con pausa, al continuo. Dos personas que no están poniendo el sexo por sobre los sentimientos. Parece una utopía escribir de ello como si fuese poesía. En mis tiempos, un poquito de eso existía; sin embargo, en el presente, parece cuento, y las relaciones fugaces han tomado el protagonismo de nuestras vidas. Salimos y, con suerte, comemos o tomamos algo, para terminar en una cama ajena, aprisionadas por unos brazos más fríos que el mismo hielo y para, entre un par de copas, prender un deseo que no es innato, porque no conocemos al *humano objeto* que escogimos con el fin de apaciguar una sed que, en el fondo, no teníamos. Y así nos bebimos no una, sino varias copas para fingir amor un par de horas, que dura lo mismo que el roce de unos cuerpos desconocidos, cuyo elixir siempre es vino o espumante. Y uno es amante, pero no es ni amigo, y sigue adelante, hasta botar luego ese amor descartable a la basura.

27

TÚ SIEMPRE ELIGES EL CAMINO

En una mala relación, siempre hay dos responsables: tanto el que maltrata como aquel que da permiso para recibir esas agresiones, así como el que mucho grita o aquel que prefiere callar. Tenemos el libre albedrío de salir de lo que nos daña o quedarnos ahí, esperando el milagro del cambio. Por la excusa que sea, da lo mismo. Por los hijos, por la casa, por no haber sido económicamente autosuficientes, por el qué dirán, por costumbre… da igual el motivo. Cada uno sabe lo que hace y por qué lo hace. Sin embargo, no está de más recordar que, a diferencia de los padres, el lugar que nos tocó vivir de niños (el colegio y en general, todo aquello que nos pasó en la primera infancia), el primer novio, el trabajo, el viaje, la pareja, sufrir o repararse, y así la vida transcurrida siempre ha sido producto de cada una de nuestras decisiones. Cada cuadra caminada, ese viaje emprendido, las relaciones iniciadas o cortadas, si fuimos o no al médico, si nos hicimos cargo de mejorar o quedarnos estancados, todo, todo, menos lo que a otros les pasa, pero sí a nosotros mismos, fue buscado, permitido y aceptado por nuestra mente consciente, por un sí expresado o por una omisión miedosa en una situación compleja. Hemos sido tanto arquitectos de nuestro propio destino como destructores de este. Hacerse cargo de eso representa el punto exacto para cambiar aquello que hoy no nos satisface tanto. Tener la certeza de que podemos partir edificando el futuro que queremos para nuestra vida hará que siempre se nos pinte de amarillo el camino para nunca más volver a desviarnos.

28

MI HISTORIA CON UN NARCISISTA

Un día tuve un príncipe, claro que de corona y espada solo las tuvo al principio: después de un tiempo no muy largo, le descubrí cachos, cola y unos ojos de fuego que llegaban a cegar los míos al compás de su pestañeo. Mi narcisista, además de ser atractivo físicamente, siempre vestía bien.

Sus marcas preferidas eran Armani y Boss, y le gustaba hacer las compras en distritos de lujo. Disfrutaba tener a los vendedores obnubilados en su presencia, ofreciéndole cada uno algo diferente. Él, con su copa en la mano, disfrutaba de estar en la tienda con el mundo a su servicio. Ese era su cuento; pero yo sabía que mentía.

No tenía casa, auto, y su trabajo pendía siempre de un hilo porque, según él, todos eran ineficientes. Por eso lo rechazaban: por su capacidad de hacer las cosas mejor que los demás. Aun con todo en contra, mantenía estoica su máscara.

Debo reconocer que me engañó con ingeniería, y de esas ingenierías complejas.

Lo descubrí mucho después. Tan después que ya no me reconocía ni en el espejo. Era un anfitrión de aquellos que se lucen con su amabilidad, ofreciendo cosas ricas y buenos vinos. Monopolizaba todas las reuniones con entretenidas anécdotas; en esas ocasiones, siempre me recuerdo en una esquina escuchando de lejos sus altos decibeles y a los demás atentos, festejando sus andanzas.

Él solo me involucraba para que le reafirmara sus proezas frente a los demás; luego de eso, hasta la espalda me daba, y yo tenía que callar. Mi narcisista, al comienzo, me hizo sentir la mujer más deseada del planeta Tierra.

La segunda noche que dormí en su casa, cada champú, crema e incluso modelo de cepillo de dientes que tenía eran los de mis marcas. Esa era su muestra de amor incondicional; hoy solo sé qué hábil fue en estudiarme. El objetivo de un personaje así es obtener información para manipular. Y lo logró porque, aunque siempre tuve dudas, al final me lo creí todo.

Aquella mujer atractiva, profesional exitosa, rodeada de amigos y familia, se dio cuenta de la mentira una vez trascurrido muchísimo tiempo. Mi narcisista me alejó del mundo con la explicación de que eso era lo mejor para nuestra relación.

Hoy sé que lo hizo para debilitarme, minimizarme sin cómplices, hacerme pasar por loca y alimentarse con ello de cada aliento que yo iba perdiendo.

29

NUESTRA RELACIÓN

Una vez que me hice consciente, comencé a buscar información que me permitiera encontrar respuestas. Llegué a la conclusión de que había muchas mujeres como yo pasando por lo mismo, con relaciones con psicópatas integrados que van destruyendo la vida de otros solo porque sí. Porque de eso se alimentan: son vampiros emocionales disfrazados de hombres buenos.

Estuve años sometida a un modelo de manipulación mental de excelencia, lo que predeterminó finamente mi comportamiento. Estaba sumida en la mayor de las desolaciones; incluso habiendo desenmascarado al narcisista, no tenía fuerzas para huir. Su estrategia entonces era volverme loca. Hacía desaparecer cosas de lugares donde yo las había dejado, con el fin de hacerme ver que estaba alucinando.

De pronto comenzó a cambiar hechos ocurridos con anterioridad, en que llegué a cuestionarme si realmente habían pasado como los tenía en mi mente o él efectivamente tenía razón y yo comenzaba a perder la cordura. A esas alturas estaba sola, desempleada, en bancarrota, fea, enferma, y con la idea certera de que la locura pronto sería un estado de mi mente.

Todo lo anterior alimentaba profundamente a mi narcisista; le daba placer verme en ese nivel de destrucción. Entonces solo intuí que tenía dos caminos: salir corriendo antes que me dejara y morir por el abandono o agarrar la maleta y dejarlo yo con la poca o casi nada de confianza que quedaba de mí en mí.

Algo me decía que yo no era la loca; en unos débiles rayos de cordura, mi cuerpo y mi alma me daban las últimas alertas de supervivencia.

LA HUIDA

En el caso de estar con un narcisista, la escapada se debe planificar. Si se trata de uno maligno, entonces hay que hacerlo con sigilo, silenciosamente, cuando él no esté. Así como en las películas. Y luego debemos escondernos un tiempo hasta que las aguas se calmen o, si no, estar muy contenidas y refugiadas con nuestra gente.

Si este demonio no es tan demonio como el descrito anteriormente, entonces se lo puede encarar y decirle: «Basta». Así era el mío. Por supuesto, cuando me puse de frente para decirle que me iría, primero lloró; luego pidió perdón. Me hirió con palabras a quemarropa y, como último recurso, amenazó con suicidarse. No sé de dónde saqué fuerzas para decirle: «Hazlo ahora, frente a mí. ¡Me haces el camino mucho más fácil para devolverte a tu infierno!».

Hoy sé que se lo dije con odio y sarcasmo, y fue entonces cuando él entendió que yo hablaba en serio. Y me fui. El camino luego de haber dejado a mi narcisista no fue nada fácil. Hay que sobrevivir al síndrome de abstinencia. Para mí, el estar sin ese ser maligno era el mismo impacto en el mecanismo biológico de un adicto que no consume droga. Contradictoriamente, su veneno se había convertido en mi alimento, en mi aire. Tanto que por momentos llegué a sentir que prefería estar muerta si no estaba con él.

Al pasar el tiempo, con contacto cero, terapia y una red familiar muy sólida, pude ver algunos débiles rayos de sol. La claridad de mis pensamientos me daba la certeza de que sería capaz de dejar esa mala experiencia y seguir caminando en busca de mi felicidad.

Encontré empleo y, aunque no era como el anterior, al menos tenía uno y sería un buen comienzo para recoger los pedazos de mi autoestima rota. Comencé a cuidarme el cuerpo y la mente, como todos siempre recomiendan, con hábito y disciplina, sin pensar en un mañana, solo en el hoy. Como si fuera una bebé que aprendía a caminar, pero que ahora sabía que, para hacerlo, solo necesitaba de sus propias piernas. Fui sanando de a poco, porque el cuerpo es sabio y se organiza.

DATOS DE CONTACTO

Instagram: @rayenmilan
Tiktok: @rayenmilan
YouTube: @rayenmilan
Facebook: Rayén Milan
Fanpage: Facebook Coaching Terapéutico
Web: www.rayenmilan.com